JN038989

骨格診断×パーソナルカラーでわかった

洋服選びの新スタンダード

クローゼットは6着でいい

二神弓子

KADOKAWA

Introduction

これまでの常識が一気に変わってしまった２０２０年。自宅で過ごす時間が増え、自分のファッションを見つめ直した方も多いと思います。

買ったけれど出番がない洋服であふれているクローゼットにうんざりした方。

毎シーズン新しい服を買い足し、消耗してきた自分に気づき唖然とした方。

日常が変わりすぎて何を着ればいいのかわからなくなった方もいるでしょう。

そんな経験を通して、多くの方が「最新のトレンドを追いかけること」や「憧れのモデルさんのスタイルをマネること」より、「自分らしくて心地いいこと」が大切だと気づいたのです。

これまでファッション雑誌やＳＮＳをチェックし、最新のトレンドをキャッチアップしたり、おしゃれな方のスタイルをマネしたりするだけでじゅうぶんだったものが、いざ「自分らしい服」と言われても、その見つけ方はわからないし、だれかが教えてくれるものではありませんよね。

そこでぜひ活用してほしいのが、

・骨格診断
・パーソナルカラー診断

このふたつのメソッド。

骨格診断やパーソナルカラー診断は、自分が生まれもった骨格や筋肉、脂肪のつき方、肌の色みなどの特徴から、〝自分に似合う〟服の素材、デザイン、色を見つけ出す方法です。

私はこれまで20年以上、骨格診断やパーソナルカラー診断をおこなってきました。「似合うものを着るだけでこんなに自分がかわいくなるなんて、今まで損してた！」「コンプレックスだった自分の体型が、なんだか好きになれた」と、たくさんの方が喜んでくださっているアプローチなのです。

あまりに大きく時代が変わり、おしゃれ迷子になってしまったという声をよく耳にするようになった今こそ、その方らしい魅力をグッと表に引き出し、自分を肯定できる骨格診断とパーソナルカラー診断が心強い味方になってくれると思い、この本を執筆しました。

この本では、自分の骨格タイプとパーソナルカラータイプを知り、それに合ったワードローブを揃えるだけで、「自分らしくて心地いい」おしゃれが叶う方法を紹介しています。

だれでもすぐに実践できるように、その方法もとても簡単！

①ジャケット
②ブラウスもしくはシャツ
③ニット（春夏ならカットソーやTシャツ）
④パンツ
⑤スカート
⑥ワンピース

この、たった6着をクローゼットに揃えるだけ。
自分に似合うものだけで構成されたワードローブなので、着ていて心地よく、スタイルアップも美人見えも叶います。効率よく着回しできることも計算した6着なので、コーディネートがパッと決まるし、ムダな買い物もなくなります。

さぁ、洋服の悩みはもう終わり。最高の6着で毎日かわいい私をつくっちゃいましょう。すぐにおしゃれの楽しさを再発見できるはずです。

そしてその基本編を押さえたら、応用編として、最近利用する方も増えたオンラインショッピングを成功させるコツや、新しく変わった日常に合うファッションを楽しむテクニックなども紹介しているので参考にしてください。

この本で、おしゃれがラクになり、自分がもって生まれた魅力に気づき、笑顔でいることが増えたと感じていただけたら、とてもうれしく思います。

二神弓子

Contents

Introduction 02

結局6着でいい3つの理由 08

最高の6着だけでこんなに素敵！
着回しコーデで実証 10

CHAPTER 1
骨格診断の基礎知識 18

骨格診断とは？ 19

骨格診断セルフチェック 20

ストレートタイプの特徴 22

ウェーブタイプの特徴 24

ナチュラルタイプの特徴 26

CHAPTER 2
骨格タイプ別
似合う6着の着回しコーデ 28

似合う服とは？ 29

ストレートタイプに似合う6着 選び方の基本 30

ウェーブタイプに似合う6着 選び方の基本 38

ナチュラルタイプに似合う6着 選び方の基本 46

COLUMN
自分のパーソナルカラーをチェックしてみよう！ 54

CHAPTER 3
オンラインショッピングのコツ 58

オンラインショップで
買っていいもの・ダメなもの 60

骨格タイプ別 オンラインショップで
買うと失敗するNGアイテム 62

サイズ表の正しい見方 64

身長別 着丈見本帖 68

骨格タイプ別 おすすめブランドリスト 76

CHAPTER 4
ニューノーマル時代、骨格診断視点のファッションセオリー 78

THEORY #01 リラックスモードの仕事服 82

THEORY #02 歩きやすさ優先のスニーカー&フラットシューズ 96

THEORY #03 オンライン映えも骨格診断で叶う 104

COLUMN オンライン映えが叶う♡ パーソナルカラー活用術 112

THEORY #04 骨格タイプ別 アウトドアファッション 114

THEORY #05 ずっと使える名品小物も骨格タイプで選べば失敗知らず 122

COLUMN パーソナルカラーで狙う！ マスクで美人映え 130

ストレートタイプに似合うITEM DICTIONARY 132

ウェーブタイプに似合うITEM DICTIONARY 138

ナチュラルタイプに似合うITEM DICTIONARY 144

パーソナルカラー診断セルフチェック 150

カラーチャート&パーソナルカラーチェックシート 151

STAFF LIST

撮影 中田陽子（MAETTICO／人物ロケ）
スタイリスト 弓桁いずみ
ヘア&メイク 後藤若菜（ROI）
モデル SOGYON・三戸セリカ・石川理咲子・東美樹（スペース クラフト・エージェンシー）、藤野結衣、中村みさき
イラスト Natsu Yamaguchi
デザイン 月足智子
構成 高橋香奈子

結局6着でいい3つの理由

1 すぐに実践できる

2 じゅうぶん着回せる

3 物を大切にできる

この本では、骨格タイプとパーソナルカラー（ベースカラー）に合った6着を揃えることを提案しますが、なぜ〝6着〟なのか。その理由を紹介します。

〝6着〟とは、①ジャケット　②ブラウスもしくはシャツ　③ニット（春夏ならカットソーやTシャツ）　④パンツ　⑤スカート　⑥ワンピースのこと。一年中主軸になるアイテムとしているため、コートなどの防寒具は含みません。

まず〝6着〟と決めた理由は、**「すぐに実践できる」現実的な枚数**だから。自分の骨格やパーソナルカラーのタイプに合わせて選ぶため、もしかするとこれまでの手持ちのワードローブにはないかもしれません。その場合でも、〝6着〟ならどうにか揃えることができるのではないでしょうか。

「じゅうぶん着回せる」枚数だからというのも理由のひとつ。6着あれば、きれいめにもカジュアルにもシフトでき、日常のどんなシーンにも対応できます。もちろん、少ない枚数で着回すことでワードローブを効率的に活用でき、クローゼットに眠っているムダな服がないこともメリットです。

3つ目は**「物を大切にできる」ようになる**から。骨格タイプやパーソナルカラーで選んだ服をまとうと自分の魅力が際立つため、その服が大好きになり、大切に長く着たいと思うようになります。結果、個人の問題だけではなく、ひいては世界が力を入れているサステナブルな社会づくりにも役立つのです。

忙しい朝でも、
似合うワンピースが一枚あれば
パッと着るだけでサマになる

最高の6着だけで こんなに素敵！ 着回しコーデで実証

骨格タイプとパーソナルカラーに合う6着を使った着回しコーディネートの例（ナチュラルタイプ×イエローベース）を紹介！ 多くの服をもたなくても、自分らしい最高のおしゃれは叶います。

ワンピース／The Virgnia
ピアス・バングル／Lycka
サングラス／FLEX　バッグ／サマンサタバサプチチョイス

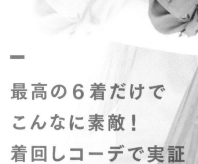

自分にしっくりくるおしゃれ。
似合うって心地いい

ジャケット／ルーニィ　シャツ／The Virgnia　デニム／MEW'S REFINED CLOTHES　イヤリング・バッグ／スリーフォータイム　時計／LOBOR　靴／神戸レタス

休日カジュアルもあか抜けて見える

ニット／BANNER BARRETT パンツ／MEW'S REFINED CLOTHES　フェルトハット／The Virgnia　ピアス／スリーフォータイム　ネックレス／アネモネ　時計／MAVEN WATCHES　バッグ／BajoLugo　靴／銀座かねまつ

シンプルな仕事コーデにも自信がつく

手に持ったジャケット・スカート／ルーニィ　シャツ／The Virgnia　ピアス／アビステ　バッグ／Jewelna Rose

着やせを狙わずとも、
スタイルアップが叶う

ニット／BANNER BARRETT　スカート
／ルーニィ　バッグ／神戸レタス　ピアス
／アネモネ　靴／ワシントン

各骨格タイプ、この6着があれば着回しがうまくいく！

1

JACKET

ジャケット

きちんと感のあるコーディネートをつくるのに欠かせないアイテム。カジュアルな着こなしを大人っぽく格上げして見せたいときにも便利です。春や秋は、軽い羽織りものとしても活躍します。

ジャケット／ルーニィ

2

BLOUSE or SHIRTS

ブラウスorシャツ

一枚で着るだけでなく、ジャケットやニットのインナーにも使えます。辛口な装いが好みならシャツ、甘口が好きならブラウスなど、骨格タイプに合っていればどちらでもOKです。

シャツ／The Virgnia

3 ／ KNIT

ニット

秋冬のメイントップスは、ハイゲージかローゲージ、ネックラインの形は骨格タイプで選びましょう。春夏は、ニットの代わりにカットソーやTシャツを取り入れれば同様に着回し可能です。

ニット／BANNER BARRETT

4 ／ PANTS

パンツ

どの骨格タイプでも、きちんと系からカジュアル系まで似合うパンツはあります。きれいめなスタイルが多いのか、リラックス感のあるスタイルが多いのかで、パンツをセレクトするのが正解です。

パンツ／MEW'S REFINED CLOTHES

5

SKIRT

スカート

ボトムにパンツとスカートを揃えておくと、着こなしの幅が広がります。最近のファッションの傾向として着丈が長めになっているので、これを機にベストな一枚に買い換えるのもおすすめ。

スカート／ルーニィ

6

ONE PIECE

ワンピース

一枚でコーディネートが完成するので、骨格タイプに合わせたワンピースがあれば、時間がなくてもおしゃれに決まります。前開きタイプなら、羽織りものとしても活用できるので便利。

ワンピース／The Virgnia

CHAPTER

1

骨格診断の基礎知識

自分に似合う服がわかる骨格診断とは
どんなメソッドで、どんなメリットがあるのでしょうか？
セルフ診断の方法も紹介します。

骨格診断
とは？

骨格診断とは、約20年前に私が確立したメソッドで、体の「質感」や「ラインの特徴」から、自分自身の体型をもっともきれいに見せてくれるファッションアイテムを導き出すことができます。

骨格タイプは、「ストレート」「ウェーブ」「ナチュラル」の3タイプに分けられ、複数タイプの体の特徴をもっている方もいますが、必ずいずれかのタイプに分類されます。また、太っている、やせているなどの体型は関係ありませんし、年齢とともに、骨格タイプが変わることもありません。

各骨格タイプは、体の重心が高いか低いか（腰位置が高いか低いか）、体に厚みがあるのかないのか、筋肉がつきやすいか脂肪を感じるか、骨や関節が目立つか目立たないか、というように、体の特徴で見極めることができます。

骨格診断を取り入れるいちばんのメリットは、骨格タイプに合った服を着ることで、プロポーションがよく見え、着やせ効果があることです。やせすぎの方の場合は、健康的に見えます。また、自分の体の特徴に合ったデザインや素材を身につけることで、服となじみ、簡単におしゃれな印象が叶います。

ファッションの悩みとしてよく聞かれる「あの人が着ていて素敵だったからマネして買ったのにしっくりこない」「トレンドアイテムなのにおしゃれに見えない」などは、すべて骨格タイプの不一致からくると言っても過言ではありません。

Copyright© Yumiko Futakami. All Rights Reserved.

☑ 骨格診断セルフチェック

チャートを使って、自分の骨格タイプをチェックしてみましょう！
次ページのチェックリストも、タイプ選定のヒントになります。

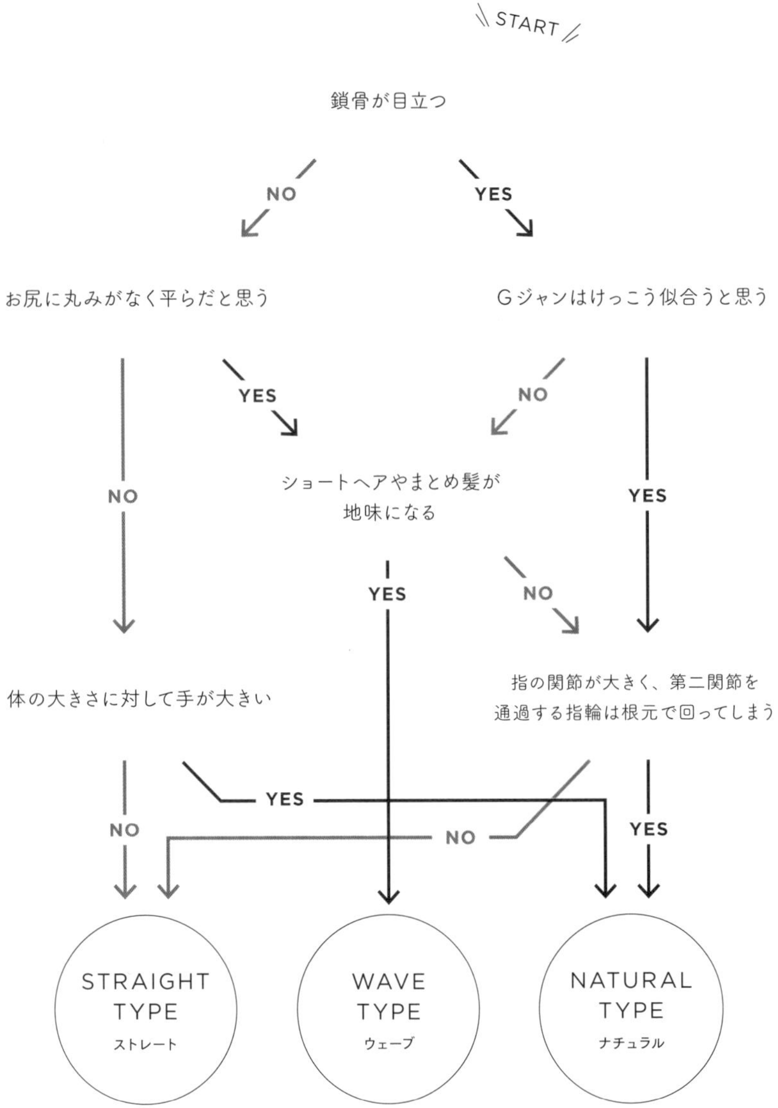
START
鎖骨が目立つ
NO
YES
お尻に丸みがなく平らだと思う
Gジャンはけっこう似合うと思う
NO
YES
NO
YES
ショートヘアやまとめ髪が地味になる
YES
NO
体の大きさに対して手が大きい
指の関節が大きく、第二関節を通過する指輪は根元で回ってしまう
NO
YES
NO
YES
STRAIGHT TYPE
ストレート
WAVE TYPE
ウェーブ
NATURAL TYPE
ナチュラル

骨格タイプ別“あるある”チェックリスト

ストレートタイプ

- ☐ レザーブルゾンがよく似合う
- ☐ デコルテにボリュームがある服を着ると着膨れする
- ☐ 体を横から見ると厚みとメリハリがある
- ☐ Vネックを着るとすっきり見える
- ☐ 丸首のカーディガンが似合わない
- ☐ 本当はウェーブタイプのようなフェミニンな服が好き

ウェーブタイプ

- ☐ クルーネックのカーディガンがよく似合う
- ☐ 上半身よりも下半身のほうがコンプレックスだ
- ☐ 着物が似合う体型だと言われたことがある
- ☐ パンツが苦手
- ☐ Tシャツ×デニムが似合わない
- ☐ フレアスカートがよく似合う

ナチュラルタイプ

- ☐ ワイドパンツがよく似合う
- ☐ バレエシューズが苦手
- ☐ やせていても華奢とは言われない
- ☐ ショート丈やマイクロミニ丈がしっくりこない
- ☐ 身長の割に手足が大きい
- ☐ メンズの服も着こなせる

And More.

本家本元の骨格診断を伝える
二神弓子のYouTubeチャンネル『be WOMAN channel』

https://youtube.com/c/beWOMANchannel

ストレートタイプの特徴

STRAIGHT TYPE

ストレートタイプは、バストトップや腰位置が高く「重心バランスが上」にあります。また、体を横から見たときに、厚みがあり、腕を掴むと平べったさはなく、丸く立体的なのも特徴です。手のひらにも厚みがあります。ほかには、やせていても鎖骨が目立ちにくい、膝の皿が目立ちにくく、太ももはしっかりしていても、膝下がシュッと細いことが多いです。

このように、ボディラインに立体感とメリハリがあるため、**洋服を選ぶときは、できるだけシンプルに「引き算」で考えるとすっきりと着やせ**できます。デコラティブなアイテムは避けましょう。得意な鉄板アイテムは、トレンチコート、テーラードジャケット、Ｖネックのニット、シャツ、タイトスカート、スラックスなど。シンプルベーシックと言われるものです。

洋服のシルエットは、ジャストサイズがおすすめ。メリハリのある体型を強調しすぎるボディコンシャスなサイズ感では、むっちりと見えてしまい着太りします。逆に、せっかくのメリハリのあるボディラインを完全に隠してしまうビッグシルエットを選ぶのもＮＧ。

また、ストレートタイプは筋肉がつきやすいため、ハリや弾力を感じます。そのため、**洋服もハリや厚みのある素材のものを選ぶと、しっくりとハマります。**たとえば、シルクやカシミア、コットン、レザーなどがおすすめ。グラマラスなボディに似合う高級感のある素材を選びましょう。正反対の薄くてフワッとしたシフォン素材の服を選んでしまうと、体の肉感のほうが勝ってしまい、着膨れする原因になるので要注意。

コーディネートを考えるときに大事にしたいポイントは3つ。

- **バストトップの位置が高いのでデコルテをすっきり見せる**
- **すらりとした膝下を見せる**
- **上半身に重心があるので気になりやすい二の腕を隠す**

これを守れば、ストレートタイプの長所を生かすことができます。

ちなみに、ストレートタイプは、コンサバできれいめなファッションしか似合わないと思われがちですが、カジュアルな着こなしも可能です。**実は〝スポーティ〟なアイテムも得意**なため、ジャストサイズのナイロンジャケットやスウェット、ハイテクスニーカーなども活用してみてください。

ウェーブタイプの特徴

WAVE TYPE

ウェーブタイプは、バストトップや腰位置が低めで**「下重心」**。横から見たときに、体が薄く、手首や手のひらも薄く平べったいのが特徴です。ほかには、鎖骨が細く、腰回りにも厚みがなく、全体に華奢な印象があります。太ももと膝下の太さにあまり差がない人も多いです。

洋服を選ぶときは、体の凹凸感が少ない華奢な体を盛り上げるべく、「足し算」を意識するとうまくいきます。シンプルにまとめすぎると、地味に見えてしまいます。得意な鉄板アイテムは、フェミニンで華やかなツイードジャケット、シフォンブラウス、フレアスカート、フィット&フレアなワンピースなどです。

洋服のシルエットは、ボディラインを隠さないコンパクトなものを選ぶのがポイント。特にウエストをしっかりと強調すると、スタイルアップできます。手首や足首が出る半端丈の服もおすすめです。逆に、オーバーサイズを選ぶと貧相に見えてしまうので注意しましょう。

また、ウェーブタイプは、筋肉がつきにくいため、柔らかくふんわりとした印象があります。そのため、**洋服も、薄いもの、透けているもの、柔らかいものを**

選ぶとしっくりきます。たとえば、シフォンやチュール、ストレッチ素材などです。華奢な印象を盛り上げることができる、ベルベット、エナメル、キルティング、毛皮など、**華やかさのある素材も得意です。**ハリのあるパリッとしたコットンやメンズライクなツイードを選ぶと、服に着られている感じが出るので気をつけたいところ。

コーディネートを考えるときに大事にしたいポイントは3つ。

・身長に対して首が長め＆バストトップが低いので、上半身は華やかに
・手首などの華奢な部分を肌見せする
・ウエストマークする

これを守れば、ボディラインを美しく見せることができます。

ちなみに、ウェーブタイプには「カッコいいスタイルが好きなのに、リボンやフリフリ、ふわふわした甘いテイストしか着られないんでしょ？」とがっかりされる方もいらっしゃるのですが、そんなことはありません。ハンサムなテイストの服を着たい場合は、**シースルーなどの柔らかな素材で甘くないデザインを取り入れたり、足し算するアイテムを辛口にしたりする**のがポイントです。

ナチュラルタイプの特徴

NATURAL TYPE

ナチュラルタイプは、**鎖骨や肩、骨盤、膝などの骨や関節が大きく、全体的に骨っぽさや筋っぽさ**があります。ストレートタイプやウェーブタイプのように、上重心や下重心といった特徴はなく、個人差があります。

周りの方と見比べた経験がないと、骨や関節が大きいのか小さいのか判断が難しく、ストレートなのかナチュラルなのか、ウェーブなのかナチュラルなのかわからないという声も聞きます。そのときにチェックするポイントはこの４つ。

- **身長の割に手や足のサイズが大きい**
- **手や足の甲が筋っぽい**
- **頬骨が目立つ、または彫りが深い**
- **オーバーサイズの服を着てもだらしなく見えない**

当てはまる場合は、ナチュラルタイプという判断でよいと思います。

ナチュラルタイプは、骨組みがしっかりしているので、洋服をきれいに着こなすことができます。**肌の露出をなるべく控え、骨っぽさをカバーできるゆったりとしたシルエットを選ぶ**のがおすすめです。ミニ丈やコンパクトなサイズのものを着ると、寸足らずに見えたり、アンバランスな印象になってしまいます。得意な鉄板アイテムは、ボックスラインのジャケット、ビッグシルエットのシャツ、ローゲージのざっくりニット、ワイドパンツ、ボーイフレンドデニム。ユニセックスな印象のものがおすすめです。

また、ナチュラルタイプは、肉感がなくドライな質感をもっているため、**洗いざらしの風合いや、凹凸のある素材、シワ加工が施されたもの**が似合います。たとえば、リネン、コーデュロイ、ブリティッシュツイード、ダンガリー、スエードなどの素材です。

コーディネートを考えるときに大事にしたいポイントは３つ。

・長めの着丈を選ぶ
・体のラインを出しすぎない
・適度に着崩す

これを守れば、スタイリッシュな印象が叶います。

ちなみに、ナチュラルタイプは、カジュアルな服しか似合わないと言う声も聞きますが、生地をたっぷり使ったものを選べば、フェミニンな服も似合います。

骨格タイプ別
似合う6着の
着回しコーデ

自身の骨格タイプがわかったところで
改めてストレート、ウェーブ、ナチュラルのタイプ別に
最高の6着と、着回しの例を紹介します。
ワードローブは、イエローベース（イエベ）と
ブルーベース（ブルベ）に分けてセレクトしています。
骨格とカラーが合うモデルが着用しているので
“似合う”とは何かを理解するヒントにも！

CHAPTER

2

似合う服とは？

骨格診断とパーソナルカラー診断の視点で言うと、〝似合う服〟とは、**生まれもった骨格や肌の質感に合うデザインや素材、肌に調和する色の服**のことです。そのため、自分のタイプに合う洋服を身につけるだけで、自分に似合って心地よいおしゃれが手に入ります。

骨格診断とパーソナルカラー診断のうち、私が最初に重視するのは、骨格診断のほうです。なぜなら、骨格診断はマイナスをプラスに変えてくれるものだからです。たとえば、上半身がしっかりしている、下半身がふくよか、骨っぽいなど、自分が気にしているコンプレックスをうまくカバーし、プロポーションを整えてくれます。

一方、パーソナルカラー診断は、肌がきれいに見えたり、フェイスラインが引き締まって見えたりという美容効果を得るためのもの。現状をよりよく見せてくれるプラスアルファのものになります。

ですので、これから紹介する6着も、ストレート、ウェーブ、ナチュラルの骨格3タイプに合っているデザインや素材を選んでいますが、パーソナルカラーは4タイプまで絞り込まず、**イエローベースかブルーベースかが合っていればよし**としています。また、黒は本来ウインターの色ですが、**黒を使わないのは現実的ではないので、イエローベースの人が取り入れるのもOK**と考えています。

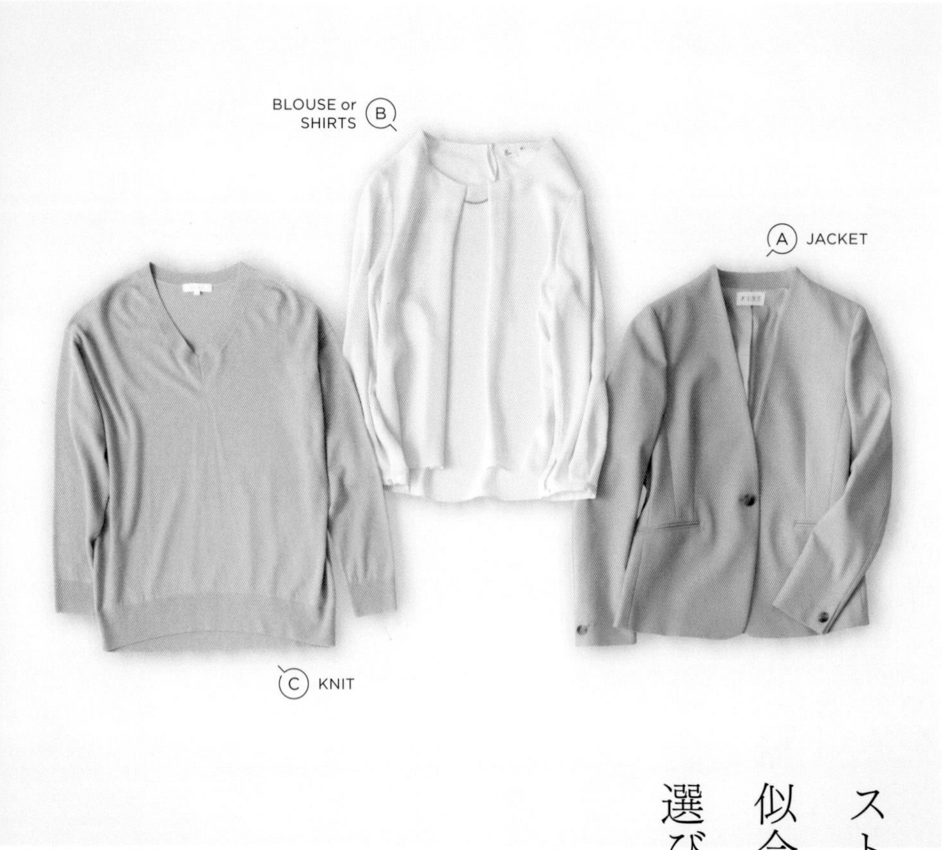

ストレートタイプに似合う6着選び方の基本

YELLOW BASE
イエローベース

(A) ジャケットを選ぶなら、首元がV字に開いたノーカラーやテーラードを。ピタピタすぎず、緩すぎないジャストサイズ、長すぎず短すぎないレギュラー丈も王道のセレクトです。トレンドのロングジャケットを着たい場合は、長すぎない、ビッグシルエットすぎないことに気をつけましょう。素材は、ウールやコットン、カシミアなど、上質感があり、表面に凹凸がないものがベスト。カジュアルな着こなしが好みの方は、レザーブルゾンなどにしてもOK。ジャケット／PLST

(B) ジャストサイズでコットン素材のパリッとしたシャツはストレートタイプの定番ですが、写真のようなブラウスにもおすすめはあります。見つけるコツは、生地にとろみがあっても、薄すぎない、透けない、テカテカとした光沢がない素材（シルクなどの上品なツヤはOK）を選ぶこと。チープな素材は苦手なので、化繊を選ぶときは高見えを意識するのがポイント。デザインは極力シンプルなものが体をすっきり見せます。ブラウス／ザ・スーツカンパニー

E 立体的で丸みのあるヒップでカッコよく着こなせるのがタイトスカートです。膝がきれいなので膝上丈がベストですが、最近はトレンドの傾向が長めなので、長すぎない膝下丈もOK。メリハリのあるボディラインを隠してしまうAラインのフレアスカートは本来得意ではないのですが、ハリのある素材、ウエスト回りにタックやギャザーがないものであればはきこなせます。スカート／BEIGE,

F ハリのある素材で首元に抜け感をつくることができるシャツワンピースは、まさにうってつけのアイテム。縦長のIラインシルエットが似合うのですが、メリハリのある体のラインを完全に隠してしまうと着太りしてしまうため、ウエストマークできるベルト付きを選びましょう。また、前ボタンをすべて外せば、羽織りものとしても活躍します。コクーンワンピースやニットワンピース、ふわりとAラインに大きく広がる形のワンピースは苦手です。ワンピース／ストラ

C ストレートタイプに似合うネックラインは、Vネック、首元が詰まりすぎていないクルーネック、スタンドカラー、ネックを折り返さないハイネック。編み地はハイゲージがいちばんすっきり見えます。厚手すぎるローゲージや、ふわふわとしたモヘアニットは着太りして見えるので注意しましょう。シルエットは、ピタピタしすぎず、オーバーサイズすぎないものが似合います。春夏は、ニットの代わりに、ベーシックなカットソーやTシャツを投入します。ニット／PLST

D センタープレス入りのパンツは心強い味方。シルエットは、太すぎないワイド、ストレート、テーパードがメリハリを生かせます。ウエストはハイウエストすぎないものやノータックを選ぶとよりすっきり見えます。パンツの丈は九分丈、フルレングス、ハーフパンツの場合は膝丈をセレクト。太ももが露出するショートパンツや、ふくらはぎの途中までの半端丈は苦手です。カジュアルなアイテムだとインディゴデニム、きれいめのチノパンを。パンツ／PLST

DAY 01

B ＋ D

シンプルな組み合わせこそ、ストレートタイプの魅力を引き立てる。とにかく盛らないのが大事。

イヤリング／アビステ　スカーフ・ベルト／ディ スティル　バッグ／Jewelna Rose　靴／ワシントン

DAY 02

F

デコルテには抜け感を、すっきりとした膝下は出す。着やせのポイントをクリアした一枚で美人見え。

イヤリング・バングル／アビステ
スカーフ／神戸レタス　バッグ／サマンサタバサ

A + B + E

きちんと見せたいときの装い。淡い色でまとめれば、クールになりすぎずフェミニンな印象に。

バッグ／ダイアナ　靴／銀座かねまつ　時計／アビステ

DAY 05

DAY 03

A + C + E

シンプルでも寂しくならないのがストレートタイプ。色で華やかさを加えるとよりグッド。

バッグ／サマンサタバサ　靴／銀座かねまつ

DAY 04

C + D + F

長め丈×ワイドの上級者な組み合わせも、似合うものを選んでいるからバランスよく決まる。

バッグ／& シュエット　靴／ダニエラアンドジェマ

今回選んだ6着を紹介

A

JACKET

ベージュのノーカラージャケット

ラペルがなくネックラインがV字に開いたノーカラージャケットは、ミニマルなデザイン。色はイエローベースらしい黄みのあるベージュで。

ジャケット／PLST

B

BLOUSE or SHIRTS

アイボリーのブラウス

イエローベースなので、真っ白ではなく、アイボリーを選択。首元には、金属のパーツ付き&フロントにタック入りのブラウスを。

ブラウス／ザ・スーツカンパニー

C

KNIT

ピンクのVネックニット

サーモンピンクはイエローベースらしい色み。ストレートタイプはデコルテを見せると全身がすっきり見えるので、Vネックが似合います。

ニット／PLST

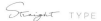

D

PANTS

ネイビーのセンタープレスパンツ

ワイドでも筒幅が太すぎないセミワイドです。イエローベースなので、青みの強い明るめのネイビーか緑みがかった深いネイビーが正解！

パンツ／PLST

E

SKIRT

アイボリーのタイトスカート

パッチポケットや飾りのないシンプルな膝丈スカートです。素材も凹凸のないスムースな表面感のもの、色は黄みのある白をセレクト。

スカート／BEIGE,

F

ONE PIECE

ブラウンのシャツワンピース

厳密に言うとこのワンピースはAラインですが、ハリのある素材、着ると広がりすぎないシルエットなのでOKです。共布のベルト付き。

ワンピース／ストラ

ブルーベースならこの6枚！

D ストレートタイプ×ブルーベースなら、もっていて損がないのが黒のパンツです。きちんと感を高めてくれるセンタープレス入りで、シルエットは、ストレート、テーパード、セミワイドがおすすめ。体の肉感が出ない、程よく厚みのある生地のものを選んで。
黒のセンタープレスパンツ／メイソングレイ

E ハリがあって、表面がスムースで、高級感のある素材が似合うストレートタイプ。このスカートはスエード調の素材ですが、表面のザラザラ感が少ないので取り入れることができます。ほんのりモード感のあるラップデザインは、シンプルなタイトスカートでは物足りない方に！
ブルーのスエード調ラップスカート／&.NOSTALGIA

F トラッドでベーシックなグレンチェック、バーバリーチェック、アーガイルチェック、ストライプなどがストレートタイプにマッチする柄です。フェミニンなテイストがお好みなら、大きめのドットや花柄もグッド。ウエストマークはありませんが、体につかず離れずの、すっきりとしたＩラインシルエットを選んでいます。
グレンチェックのワンピース／PLST

A 標準よりも長めの丈ですが、ベーシックなひとつボタン、深めのVゾーン、ボクシーすぎないシルエット、リッチ感のあるきれいめな素材というストレートタイプらしいポイントを押さえておけば、取り入れることができます。色は、ブルーベースが得意な青みのあるグレーです。
グレーのテーラードジャケット／ラ・エフ

B ブルーベースなので、黄みのない真っ白が肌の色を美しく見せてくれます。このブラウスのように、フロントにタックの入ったデザインを選ぶ場合は、タックが広がりすぎないもの、ギャザーのように細かく入りすぎていないものを選びましょう。素材は透けないものをセレクトして。
白のタックブラウス／&.NOSTALGIA

C シンプルなハイゲージのクルーネックのニット。最近豊富な、サイドスリット入りや後ろ丈が長いデザインも、控えめなものなら取り入れて構いません。ストレートタイプに似合うアイテムはシンプルなデザインが多いので、着《き》映《ば》えを求める場合は、色を積極的に取り入れましょう。
ラベンダーのニット／BANNER BARRETT

ウェーブタイプに似合う6着選び方の基本

A 丸首のノーカラージャケットがウェーブタイプにいちばん似合うという話はご存知の方が多いかもしれませんが、コンパクトなサイズ感、短めの丈、柔らかな素材を選べば、写真のようなV開きのノーカラージャケットも着こなせます。ジャケットを着ると寂しく見えるという場合は、ツイード素材やとろみ素材、ラメ糸が入ったもの、千鳥格子柄、ボタンがキラキラとしたものなどシンプルすぎないものにしましょう。ジャケット／ロートレアモン

B 薄手の素材が多く、ギャザーやタックなどのデザインが施されていることが多いブラウスは、ウェーブタイプの十八番アイテム。ボリュームスリーブなど、華やかなディテールも似合います。肌を覆い隠してしまうハイネックやタートルネックは本来苦手なのですが、こちらは胸元にギャザーがしっかりと効いているので、地味になりにくいです。シャツを選ぶときは、コンパクトなサイズ&とろみのある素材にするのが鉄則！　丸襟もよく合います。ブラウス／BEIGE,

BLUE BASE
ブルーベース

E スカートは大の得意アイテムで、苦手なデザインはほぼありません。分厚くて重い素材、長すぎる丈さえ避ければ、大抵のスカートが合うでしょう。繊細なレースのスカート、プリーツスカート、チュールスカートなど、ここしばらくウェーブタイプに似合うものが人気なので選びやすいと思います。タイトスカートをはくときは、ストレッチが利いたものを選びましょう。トップスをタックインするスカートスタイルは、抜群にスタイルアップして見えるのでぜひトライしてみて！　スカート／Noéla

F 柔らかなニット素材やシフォン素材のワンピースがとてもよく似合います。ウエストの高い位置で切り替えのあるAラインワンピースや、上半身がタイトで下半身がAラインに広がるフィット&フレアのワンピースも体をきれいに見せてくれます。特にマッチするのはフェミニンで可憐な印象のワンピースが多いウェーブタイプですが、リラックス感のあるコーディネートをしたい場合は、ニットワンピースを投入して。ワンピース［ニットとノースリーブワンピースのセットアップ］／PLST

C モヘアやアンゴラなどの毛足の長いふんわりニットは、シンプルなトップスを着ると寂しく見えがちなウェーブタイプにとって頼れるアイテム。ほかには、細いリブ編みのニットもOK。ネックラインは、ラウンドネック、ボートネック、オフショルダー、オフタートルがよいでしょう。縦に深く開いたVネックは貧相に見えてしまうので注意を。春夏は、ニットの代わりに、コンパクトで袖が短めのTシャツやボートネックのカットソーを取り入れて。ニット／MISCH MASCH

D パンツが苦手と言う方も多いウェーブタイプ。ハイウエスト&ソフトな素材を選ぶのが肝です。丈は、重心のバランスをより下げてしまうフルレングスは避け、クロップド丈を選ぶのが大正解。シルエットは、スリムかスキニーを。太ももを出すとすっきり見えるので、カジュアルなスタイルがお好みの方は、春夏にショートパンツを取り入れるのもOKです。ワイドパンツを選ぶ場合は、とろみ素材&短め丈が正解。タックはノータックorワンタックで。パンツ／MISCH MASCH

DAY 01

C + D + F

トップスの素材や、肩にかけたニット、大きめのピアスなどでシンプル服を盛り上げるのがカギ。

ピアス／アビステ　バッグ／MISCH MASCH

DAY 02

A + B + E

ギャザーやレースなどの要素を組み合わせて、ジャケットスタイルを華やかに仕上げて。

ピアス／アピステ　バッグ／&シュエット

DAY 05

B + D

光沢のあるブラウスとパンツで、大人の女っぷりが際立つ装いに。小物もひと技効いたものを！

バッグ／RANDA　靴／マッキントッシュ ロンドン

DAY 03

F

シンプルになりすぎないように、パールのネックレスやレオパード柄の小物を投入して。

サングラス／San-ai Resort　バッグ／ダイアナ　靴／銀座かねまつ　ネックレス／スタイリスト私物

DAY 04

C + E

ふんわりニットとレーススカートを合わせても、子供っぽく見えないのがウェーブタイプ。

バッグ／サマンサベガ　靴／銀座かねまつ

今回選んだ6着を紹介

A

JACKET

ネイビーのノーカラージャケット

ネックラインがV字のノーカラージャケットは、ウエストシェイプされたコンパクトな一枚。短め丈なのでバランスよく着られます。

ジャケット／ロートレアモン

B

BLOUSE or SHIRTS

ネイビーのギャザーブラウス

光沢のある素材、全体に細かに施されたギャザー、ウエストにゴム入りですっきり見える裾のデザイン。まさに理想的なディテールです。

ブラウス／BEIGE,

C

KNIT

白のシャギーニット

シンプルなクルーネックのニットも、毛足の長いアイテムなら、寂しく見えません。ブルーベースなのでクリアな白をチョイスしています。

ニット／MISCH MASCH

D

PANTS

ピンクのハイウエストパンツ

スリムなシルエットのワンタックパンツ。丈も長すぎないので、バランスよくはきこなせます。色は、青みのあるライトピンクで。

パンツ／MISCH MASCH

E

SKIRT

サックスブルーのレーススカート

ほんのりラベンダー色がかったブルーで、透け感のある繊細なレースがウェーブタイプにぴったり。長すぎないミモレ丈もよく似合います。

スカート／Noéla

F

ONE PIECE

ベージュのニット
ワンピースセットアップ

ドルマンニットと細リブのワンピースのセット。セットアップでも、別々にでも使えるので、着回しの面でも秀逸なアイテムです。

ワンピース［ニットとノースリーブワンピースのセットアップ］／PLST

イエローベースならこの6枚！

D ウェーブタイプに似合うパンツを見つけるには、まずはストレッチ素材のものに絞り込むのが近道です。そのうえで、柔らかくて、着丈が長すぎず、ハイウエストで、筒幅が太すぎないかをチェックしてください。ブラウンはイエローベースが得意な色。写真はコーヒーブラウン。
パンツ／ラシア

E 細かいギャザーが寄せられたスカートは、華やかな印象に仕上げてくれるので重宝します。風でふわりと揺れるような、軽やかな素材なので、ロング丈でも重く見えません。明るい色を選ぶのも、下重心を強調しないアプローチとして有効。ウエストゴムも得意なディテールです。
スカート／ジネス

F ウェーブタイプが得意なフィット&フレアのシルエット。深めのVネックは本来苦手ですが、肩回りのタックや袖山のギャザー、ウエストを高い位置でしっかりとマークできるサッシュベルト付きなので、寂しく見えにくい一枚です。袖口のパールボタンはウェーブタイプらしさ満点。
ワンピース／tocco closet

A Vゾーンが深すぎず、ダーツ入りのすっきりシルエット。袖が折り返せるタイプなので、抜けのある九分袖にすれば、よりバランスアップして見えます。短め丈のふたつボタンジャケットも得意。色はイエローベースが得意なキャメル。
ベージュのノーカラージャケット／ザ・スーツカンパニー

B アンサンブルは、3タイプの中でウェーブがいちばん得意。セットで着たり、ニットだけで着たり、カーディガンを肩にかけたりと、汎用性が高いので、少ない数で効率よく着回すにも便利です。ボタンがゴールドだったり、ビジューだったりと、装飾のあるものがイチ推しです。
アンサンブルニット／RANDA

C 小さなドット柄、透け感のある素材、首回りのフリルデザイン、袖口のリボン。まさにウェーブらしいデザインが詰まった一枚。ドット柄は、写真のように地の色とドットの色が同系色のものなど、コントラストが強くないものを選ぶのがおすすめです。色はサーモンピンク。
ブラウス／セシール

ナチュラルタイプに似合う6着選び方の基本

YELLOW BASE
イエローベース

A ナチュラルタイプがジャケットをまとうと、堅苦しい印象にならず、大人の余裕が漂いカッコいいので、ON・OFF問わず、ぜひ取り入れてほしいアイテムです。得意なのは、ウエストに絞りがなく、ボックスシルエットのダブルブレストジャケット。選ぶときは、“メンズっぽい”デザインを意識すると、似合うものが見つかりやすいです。カジュアルなテイストがお好きなら、コーデュロイのブルゾンや大きめサイズのGジャンを選んでもOKです。ジャケット／ロートレアモン

B 体が泳ぐほどのビッグシルエットのシャツは、しっかりとした骨格でフレーム感のあるナチュラルタイプだけが着こなせるアイテム。素材は、洗いざらしのコットンや、リネン素材、シワ加工など、ナチュラルな雰囲気のあるもので合わせて。ブラウスを選ぶ場合は、生地をたっぷりと使い、ギャザーがたくさん入ったタイプを選びましょう。大人のかわいらしさを演出することができます。エスニックなテイストのブラウスも魅力を引き出してくれるでしょう。シャツ／&.NOSTALGIA

E ナチュラルタイプは、タイトスカートもAラインスカートもどちらもはきこなせますが、注意したいのは長さ。丈が短いと野暮ったく見えてしまうので、短くとも膝下丈を選びましょう。マキシ丈など、長いぶんには問題ありません。メンズライクなテイストも得意なので、写真のようなミリタリー風のデザインもよく似合います。また、ボリュームのあるギャザースカートも着膨れせずに着こなせます。透け感やキラキラ素材は苦手です。スカート／リリアン カラット

F ウエストシェイプがなく体のラインが見えない、ざっくりとしたワンピースもカッコよく着こなせるナチュラルタイプ。カジュアルなアイテムが多いとお悩みの方もいらっしゃるかもしれませんが、女っぽく仕上げたい場合は、写真のようなティアードワンピースがおすすめです。ティアード部分にランダムなプリーツが配されており、たっぷりとした分量感があります。ギラギラと光る素材が苦手ですが、これくらいの控えめな光沢感なら許容範囲です。ワンピース／ストラ

C 肌の露出をしないほうがあか抜けて見えるナチュラルタイプは、ハイネックやタートルネック、オフタートルネックが得意です。ざっくりとしたミドルゲージやローゲージのニットもおしゃれに着こなせますし、肩がしっかりあるのでドルマンスリーブもきれいに決まります。織りの表情が際立つケーブルニットや、柄の入ったカウチンニットもOK。苦手なニットは少ないですが、ハイゲージを選ぶ場合、体にピタピタしないサイズ感のものを選ぶようにしましょう。ニット／N.

D 太め、長めが似合うので、パンツの中でも特にフルレングスのワイドパンツがイチ推しです。中途半端なアンクル丈や九分丈のパンツをはくと、狙ってはいているのではなく、単に寸足らずな印象に見えてしまうので、気をつけましょう。ふくらはぎにかかるくらいのガウチョパンツはOKです。ウエストはジャストウエスト、タックはしっかりと入っているものを選んで。カジュアルなテイストにしたい場合は、デニムやカーゴパンツ、チノパンなどを選んで。パンツ／N.

DAY 01

B + E

ヘルシーカジュアルなスタイルは大得意。袖をロールアップして着れば、こなれ感もアップ！

イヤリング／アネモネ　バッグ／3rd Spring

DAY 02

A + C + D

仕事に着ていける、きちんと感のあるコーディネートも可能！ ゆとりのあるシルエット選びがポイント。

イヤリング／アネモネ　時計／BABY-G　靴／マミアン　バッグ／Jewelna Rose

A + C + E

イエローベースならアースカラーでまとめるのも
ナチュラルタイプらしいアプローチ。

バッグ／FEEL AND TASTE　靴／銀座かねまつ

DAY 05

DAY 04

B + D

マニッシュなコーデが得意なので、ワイドパンツに
スリッポンやレースアップシューズをON。

バッグ／MEW'S REFINED CLOTHES　靴／ダニエラアンドジェマ
サングラス／スタイリスト私物

DAY 03

C + F

ニットを重ねてリラック
ス感漂う着こなしに。足
元をブーツで重くすれば
バランスも取れる。

バッグ／銀座かねまつ　靴／ダイ
アナ　帽子／スタイリスト私物

今回選んだ6着を紹介

A

JACKET

キャメルのダブルブレスト
ジャケット

メンズライクなダブルの前開き。ヒップ下までかかる長い着丈がバランスよく決まります。ほかの色に合わせやすいキャメルをセレクト。

ジャケット／ロートレアモン

B

BLOUSE or SHIRT

ブラウンのビッグシャツ

オーバーサイズ、ドロップショルダー、ロング丈が得意なナチュラルタイプはシャツ選びには困りません。色は黄みのあるブラウンで。

シャツ／&.NOSTALGIA

C

KNIT

アイボリーのハイネックニット

身幅がしっかりあり、袖もボリューミィだからハイゲージでもピタピタとしないニットを。ジャケットのインにも着たいから薄手を選択。

ニット／N.

D／

PANTS

アイボリーのワイドパンツ

光沢がなくマットで、適度な厚みのあるパンツ。ツータック以上がベストですが、ワンタックでも可です。ニットと同じ黄みのある白に。

パンツ／N.

E／

SKIRT

カーキのタイトスカート

カーゴパンツのような素材のスカートなので、タイトでもカジュアルに着こなせます。ブラウンやキャメルと相性のよいカーキを選んで。

スカート／リリアン カラット

F／

ONE PIECE

オレンジのティアードワンピース

ワードローブの差し色になるオレンジ。全体に細かいプリーツが施されたワンピースは、着ると体にピタピタとしすぎません。

ワンピース／ストラ

ブルーベースならこの6枚！

D デニムは、色落ちやダメージのあるタイプもさらりと着こなせます。ストレートタイプもウェーブタイプも苦手なので、これはナチュラルタイプだけの特権！　デニム全般が得意なので、ホワイトデニムにしてもいいし、ダークなネイビーの生デニムにしてもOKです。
デニム／ルーニィ

E 腰回りは程よくタイトで裾にかけて分量を出したマーメイドシルエット。これに長めのトップスを合わせても、ナチュラルタイプならバランスよく着こなせます。ドライな質感のあるエコスエード素材も似合うポイント。色はブルーベースをイキイキと見せるフューシャピンク。
スカート／ドロワット・ロートレアモン

F 胸ポケット付き、地厚な素材、サファリテイストと、カジュアルな要素が盛りだくさんのワンピース。長め丈のワンピースにデニムを組み合わせるロング×ロングのモードな着こなしも、ナチュラルタイプにおすすめです。色は、きれい色でも取り入れやすいと人気のミントグリーン。
ワンピース／BEIGE,

A ブルーベースの肌の色をきれいに見せるネイビーのジャケット。素材はカジュアルさのあるコットン素材をセレクトしています。シングルブレストを選ぶときは、地厚な素材やオーバーサイズにするのが正解です。ナチュラルタイプならジャケットの肩かけもカッコよく決まります。
ジャケット／ルーニィ

B ブルーベースなら、どんな色にも合わせやすい真っ白がイチ推し。パリッとしたコットン素材や地厚なオックスフォード素材のシャツに、アイロンをかけず、洗いざらしで着てもスタイリッシュに見えます。落ち感のある素材を選ぶなら、薄くて透けるものは避けましょう。
シャツ／MEW'S REFINED CLOTHES

C 体のラインをあらわにしない、ざっくりとしたミドルゲージのニット。ナチュラルタイプは長い丈が得意なので、もっと長くても着こなせますし、極端に後ろ丈が長い個性的なデザインにも挑戦してみて。明るいグレーは、パキッとした色同士を中和させるのにも一役買います。
ニット／YECCA VECCA

チェックしてみよう！

を着るとしっくりこない」という経験はありませんでしたか？
紹介します。下段のパーソナルカラー“あるある”ネタもぜひチェックを！

ここに当てはまる人は　スプリングタイプ

似合わない色

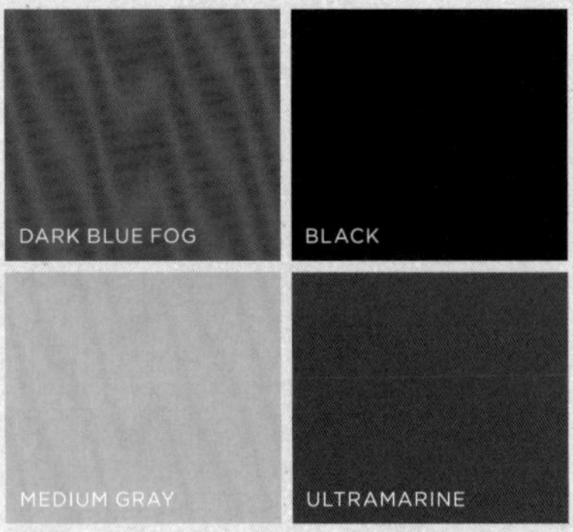

黒をいちばん苦手とするスプリングタイプ。明るく鮮やかな色が得意なので、沈んだグレー系も似合いません。鮮やかでも、青みが強くシャープなウルトラマリンは、不健康そうに見えます。

似合う色

スプリングタイプは、キャメルの色を着ると顔がパッと華やかになります。これはスプリングタイプだけに現れる特徴です。明るくクリアな色を身につけると、チャーミングさが際立ちます。

スプリングタイプの
特徴もチェック！

- 黒髪が似合わない
- カーキ色を身につけると顔色がくすむ
- 青みピンクのリップやチークが浮きまくる
- クールな印象をつくることが苦手
- グレーが似合わない

自分のパーソナルカラーを

これまで、「この色を着ていると褒められる！」「この色
似合う色、似合わない色からパーソナルカラーをセルフ診断する方法を

ここに当てはまる人は **サマータイプ**

似合わない色

黄みの強いマスタードやコルクの服を着ると、顔色が一気にくすみます。明るい色が得意だからサマーかスプリングか迷う場合、黄緑色が苦手な場合は、サマータイプのことが多いです。

似合う色

ダスティでソフトな印象の色が似合うサマータイプ。パステル系の色が似合います。エレガントなシャンパンベージュも◎。鮮やかな色の中では、青みが強く明るい赤、ストロベリーも似合います。

サマータイプの
特徴もチェック！

- コントラストの強い柄を着ると負ける
- キャメルの服を着るとおばさん感が出る
- 真っ赤なリップでは顔の印象が負けてしまう
- オレンジのチークとリップをつけると汚れた感じに見えてしまう
- ブルーベースだけれど黒はそんなに得意ではない

ここに当てはまる人は　オータムタイプ

似合わない色

サマータイプのような青みのあるパステルカラーは、顔色が悪く見えたり、物足りない印象になったりしてしまいます。ブルーミストのように濁りのある色みでも、明るくソフトなトーンは苦手。

似合う色

黄みがあり濁った深い色を顔の近くに当てても、顔色がくすまず、艶やかに見えるのがオータムタイプ。ダークブラウンやサンドベージュを着ると、大人っぽくリッチな雰囲気になります。

オータムタイプの
特徴もチェック！

- 明るい茶髪にすると派手に見える
- 大人っぽく落ち着いた印象に見られることが多い
- リップやチークの色が薄いと顔色が悪く見える
- 薄い色の服を着るとぼんやりする
- パステルカラーが似合わない

≫ P150の「パーソナルカラー診断セルフチェック」もトライ！

P152、154，156，158の「パーソナルカラーチェックシート」4色は、顔の近くに当て、顔映りの良し悪しをチェックするためのツールです。どのシートを当てたときに肌の血色がよく見えるか、肌のアラが気にならないかを確認することで、自分のパーソナルカラータイプの選定の後押しになります。このページと合わせてご活用ください。

ここに当てはまる人は ウインタータイプ

似合わない色

淡くて黄みを含むピーチピンクやビスケットは、顔がぼやけた印象に。イエローやオレンジは鮮やかな点はいいのですが、黄みが苦手なので顔がくすみます。全身を淡色だけでまとめるのも苦手。

似合う色

全身を黒でまとめても、重くなったり、暗くなったりせずに着こなせるのがウインタータイプ。マゼンタやロイヤルパープルなどの鮮やかで強い色を顔周りにもってきても色に負けません。

ウインタータイプの
特徴もチェック！

- きつく見られがち
- 茶髪が似合わない
- 全身を淡い色でまとめると印象がぼやける
- グレーより黒のほうがよく似合う
- メイクをしすぎると派手になるがヌーディリップも顔色が悪く見える

CHAPTER

3

オンライン
ショッピングのコツ

“新しい日常”になってから、利用する人がグッと増えた
オンラインでの買い物。ここでは、改めて知っておきたい
サイズ表の正しい見方や、身長別の着丈見本帖などの
基礎知識に、骨格診断ならではのアイデアも加えて紹介します。

オンラインショッピングを利用する方が増えたこともあり、各ファッションブランドがオンラインでも買い物がしやすいように工夫を凝らしています。私も、骨格診断やパーソナルカラー診断の監修のお仕事をいただくことが増えました。たとえば、ベイクルーズストアでは「骨格×パーソナルカラーで見つける私だけの！『本当に似合う服』」(https://baycrews.jp/event/stylecheck/)、アンデミュウでは「パーソナルカラー診断に基づいたMY COLOR MASK」(https://www.dot-st.com/andemiu/disp/CSfDispListPage_001.jsp?dispNo=002001356)。自分が何タイプかを知ることで、現物を見なくても失敗しにくくなります。

　骨格やカラー以外では、洋服選びの基本的な知識を理解しておくことも大事です。たとえば、オンラインショップに記載されている「サイズ表」。裄丈《ゆきたけ》とはどこのことか、身丈と着丈の違いは？　など、サイズ表の見方をしっかりと理解しておくと、自分の体型と比べたり、手持ちの気に入っている洋服と比較が簡単にできたり、サイズ選びがラクになります。

　そして、オンラインでの買い物が増えたことでリクエストが多かったのが、「身長別 着丈見本帖」です。同じ着丈のトップスでも、身長が１５０㎝台の方が着るのと、１７０㎝近い方が着るのでは、まったく違う見え方になります。それがひと目でわかるカタログをつくりましたので、ぜひ参考にしてください。

オンラインショップで買っていいもの・ダメなもの

骨格診断とは関係のない一般論になりますが、骨格診断視点の選び方の前に、オンラインで買っても失敗しにくいもの、失敗しやすいポイントを伝授します。要所をおさえて効率よく買い物をしちゃいましょう。

買っていいもの

ウエストゴムのフレアスカート

ウエストが伸びるうえ、ヒップもピタピタにならずサイズの失敗が少ないです。最近豊富な長め丈フレアなら、おしゃれな印象もつくりやすい。

ビッグシルエットのシャツ

体にフィットせず、ドロップショルダーで肩幅を選ばず、袖幅もゆったりとしていることが多いので、きつくて着られないことがほぼありません。

フェイクレザー、フェイクファーアイテム

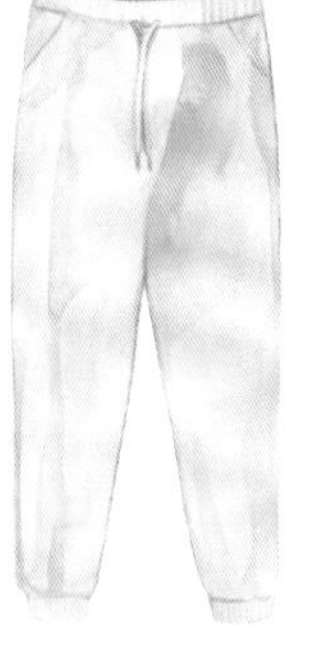

フェイクレザーやフェイクファーは最近では本物と見紛うほどうまくつくられているので、想像していた素材感と違ったという失敗が少ないです。

ビッグシルエットのコート

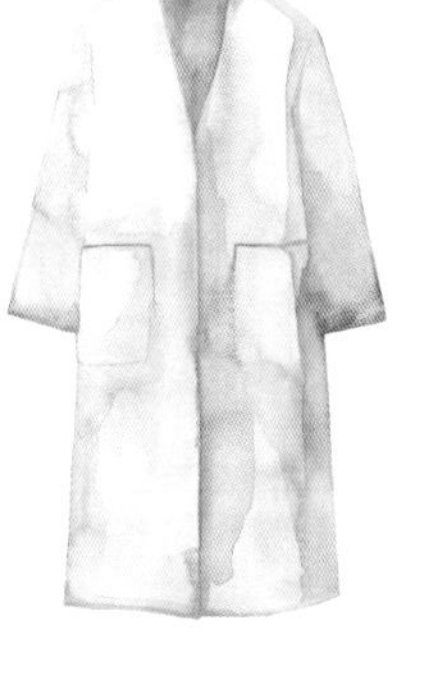

上のビッグシルエットのシャツと同じで、体型を選ばず多くの方が着られます。丈が長いものが多いので、小柄な方は着丈をしっかりと確認して。

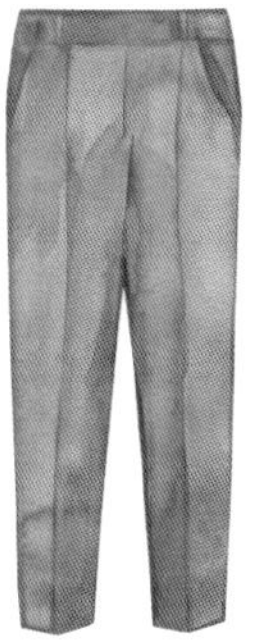

細身のパンツ

いくらサイズ表をしっかり確認しても、脚のラインに沿うパンツは、自分の体型と合うかが重要なので、試着して購入するのがベターです。

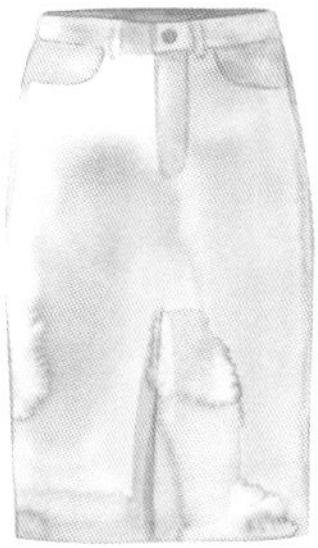

ウエストゴムでないボトム

これも右の細身のパンツと同じ理由ですが、体のラインに沿うボトムなので、サイズ選びが肝心です。丈感やスリットの深さも確認したいところ。

買ってはダメなもの

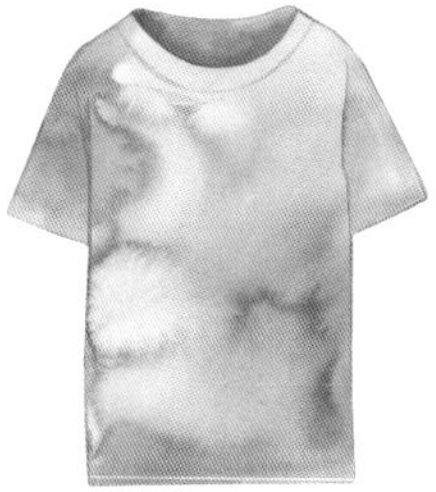

Tシャツ

試着なしでも大丈夫と思っている方が多いですが、実はTシャツこそ、試着が必要なアイテム。サイズ感や袖丈、ネックラインなどを吟味して！

アクリル素材のニット

コットンやウール、カシミアなど天然素材なら平気ですが、化繊のアクリルを含む場合は、安っぽく見えるものがあるのでご注意を。

骨格タイプ別 オンラインショップで買うと失敗するNGアイテム

次に骨格診断を活用し、骨格タイプ別に、試着ができないオンラインでは手を出さないほうがよいアイテムを紹介します。

骨格：ストレート

オンラインでなくても手を出さないのが賢明

チュニック丈のトップス

ストレートタイプが避けたいチュニック。メリハリのあるボディラインを隠し寸胴に。太ってないのに太って見えることがあるかも。

厚みがあるのかペラペラなのかわかりにくい……

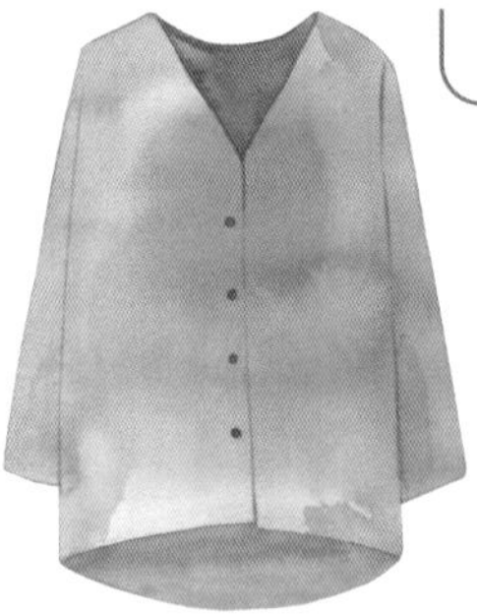

サテン素材のトップス

適度な厚みと高級感のあるシルクなら似合いますが、ものによっては厚みがあったりペラペラだったりするサテンはぜひ現物チェックを。

骨格：ナチュラル

少しでも短いと
アンバランスに！

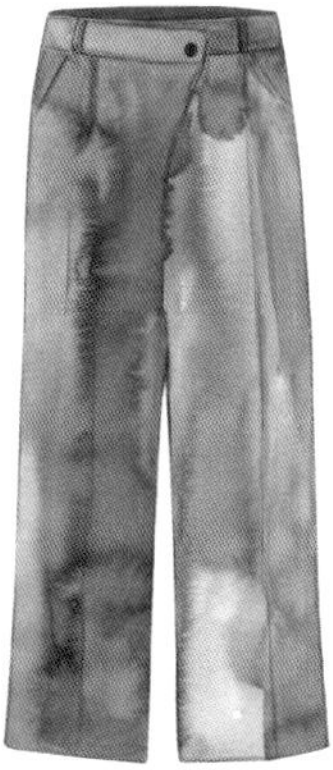

フルレングスのパンツ

フルレングスは得意ですが、足の長さに合った丈でないと意味がありません。できれば、よく履く靴に丈を合わせましょう。

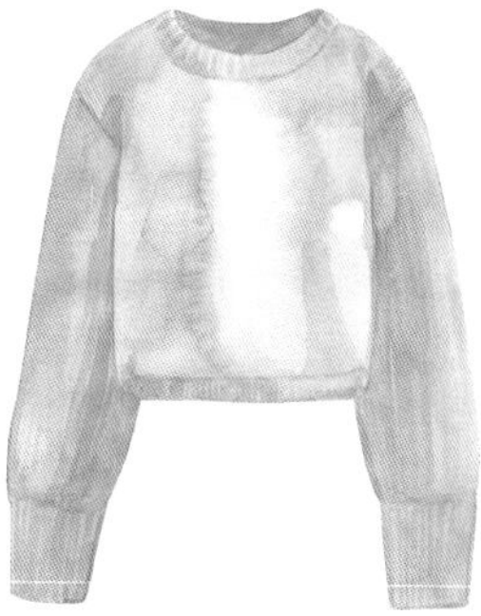

ロング丈以外のトップス

明らかに長いトップスなら問題ありませんが、それ以外のものは自分が着たときに短くなりすぎないか確認が必要です。

骨格：ウェーブ

Tシャツ

カジュアルが苦手なウェーブタイプ。細リブ素材や短めの袖丈など、丁寧な選定がマスト。試着をせずに買うと体操着に見えてしまうことも！

素材の
見極めも大事！

サイズ感がわからないブルゾン

ブルゾンでも、コンパクトなサイズ感＆ショート丈なら似合います。試着しないとタイトに着られるかどうかがわからないのでNGです。

サイズ表の正しい見方

オンラインショップで記載されているサイズ表は洋服選びをスムーズにしてくれます。それぞれがどこを指すのかを理解して、実店舗に行かずとも買い物を成功させるコツを掴みましょう。

ITEM 01 :

Tops | トップス

ブラウス／&.NOSTALGIA

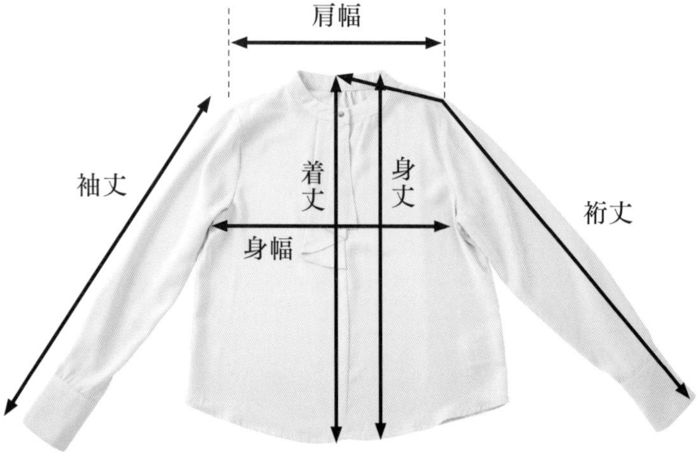

着丈	後ろ襟ぐりの中心から裾までの長さ	肩幅	両肩の端から端までの長さ
身丈	襟も含む首元から裾までの長さ	袖丈	肩先から袖口までの長さ
裄丈	後ろ襟ぐりの中央から肩を通り袖口までの長さ	身幅	両脇の縫い目同士を結んだ長さ

ITEM 02 :

One piece

—ワンピース

ワンピース／MISCH MASCH

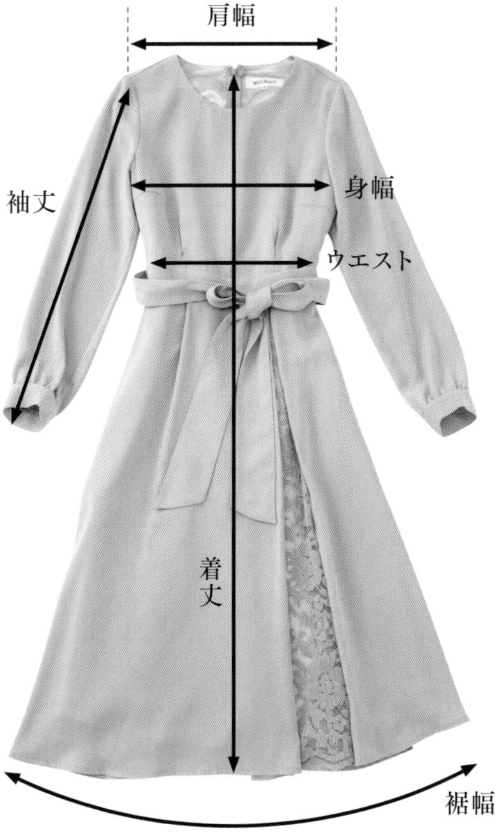

裾幅	裾の端から端までの長さ	肩幅	両肩の 端から端までの長さ
袖丈	肩先から袖口までの長さ	身幅	両脇の縫い目同士を 結んだ長さ
着丈	服の後ろ襟ぐりの中心から 裾までの長さ	ウエスト	いちばん細い部分を平置きで 計測した直線距離×2

ITEM 03 :

Skirt ―スカート

スカート／PLST

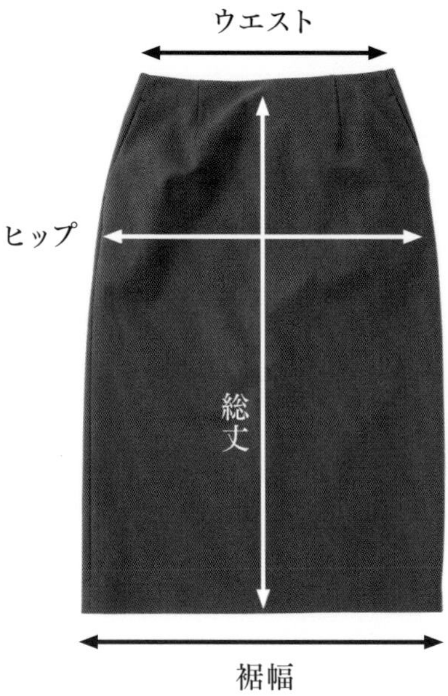

裾幅	裾の端から端までの長さ
総丈	ウエストベルトの上から裾までの長さ
ウエスト	ウエストベルト部分を平置きで計測した直線距離×2
ヒップ	ヒップ部分の最大幅を平置きで計測した直線距離×2

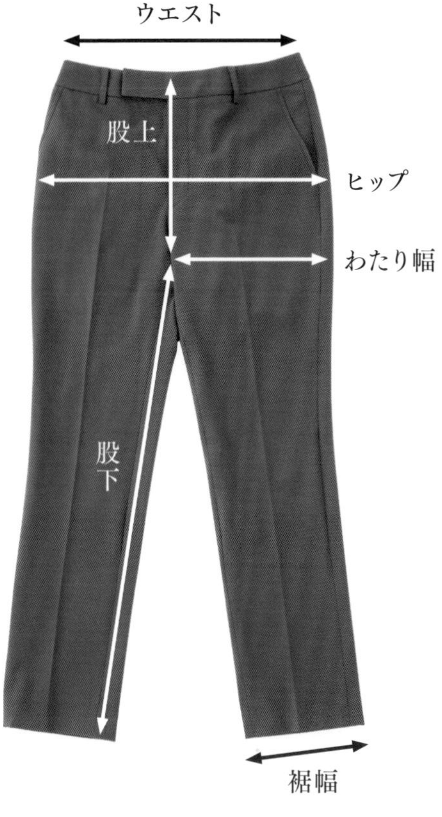

ITEM 04:

Pants

―パンツ

パンツ／ザ・スーツカンパニー

股上	前ウエストの上から 内股の十字になっている 縫い目までの直線の長さ
股下	内股の合わせから 内股の縫い目に 沿い裾までの長さ
裾幅	片側の裾の端から端まで の長さ
ウエスト	ウエストベルト部分を 平置きで計測した 直線距離×2
ヒップ	ヒップ部分の最大幅を 平置きで計測した 直線距離×2
わたり幅	内股の十字になっている 縫い目から パンツ脇までの長さ

身長別 着丈見本帖

同じアイテムでも着る方の身長が違うと、まったく別の服かと思うほど
印象が変わって見えます。そこで、身長の異なる３人に同じ着丈の服を
着てもらいました。ご自身といちばん近い身長の方のをぜひ参考にしてみてください！

HOW ABOUT
THE LENGTH?

TOPS
トップス編

着丈46cmの場合、身長154cmならちょうどいいですが、身長167cmだと動くとお腹が見えるほど短い。着丈67cmは、骨格がナチュラルタイプなら身長が154cmでも着こなせそう。標準丈が得意なストレート、短い丈が得意なウェーブ、長い丈が得意なナチュラルというセオリーも判断基準になります。

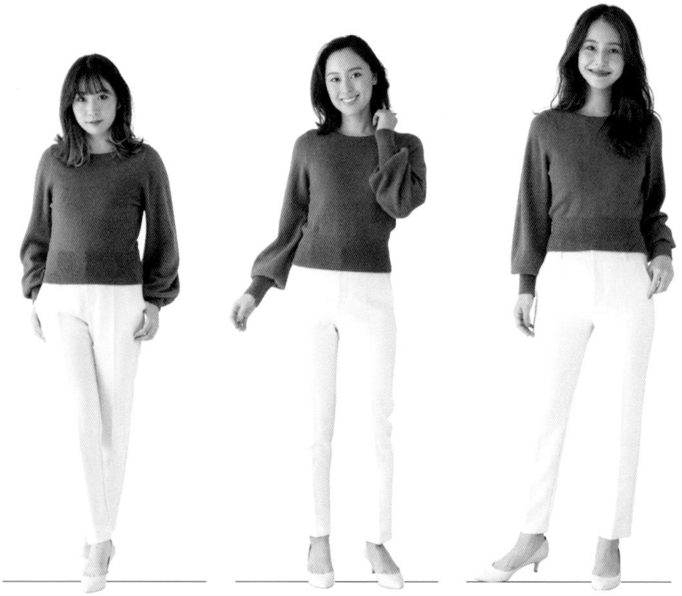

着丈
46
cm

身長

154cm　160cm　167cm

ニット／N.　パンツ／ルーニィ　靴／ダイアナ

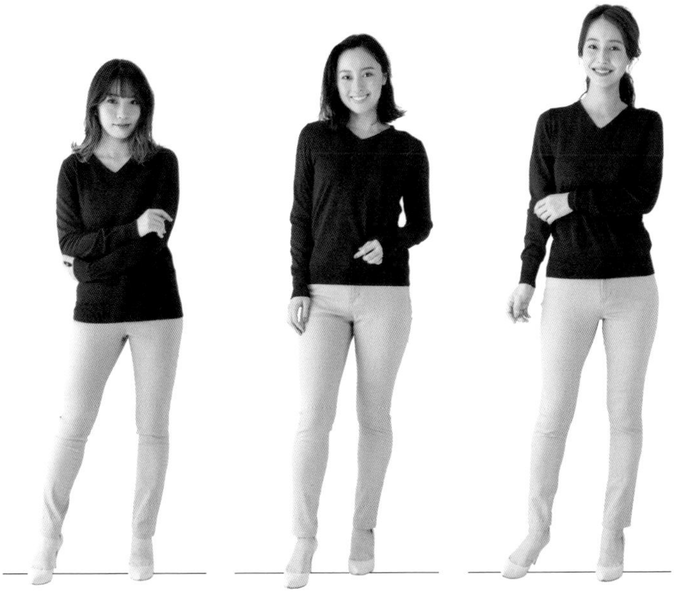

着丈
58
cm

身長

154cm　160cm　167cm

ニット／ザ・スーツカンパニー　パンツ／クラフト スタンダード ブティック　靴／銀座かねまつ

着丈
67
cm

身長

154cm　160cm　167cm

ニット／アース ミュージック&エコロジー ナチュラル レーベル　パンツ／N.　靴／銀座かねまつ

HOW ABOUT
THE LENGTH?

ONE PIECE
ワンピース編

最近の傾向として、長め丈を選ぶのがおしゃれです。高身長なら着丈95cmは短すぎて古い印象に見えるかも。着丈117cmのワンピース×身長167cmの場合、骨格がウェーブならちょうどいいですが、ナチュラルならもっと長いほうがいいこともわかります。

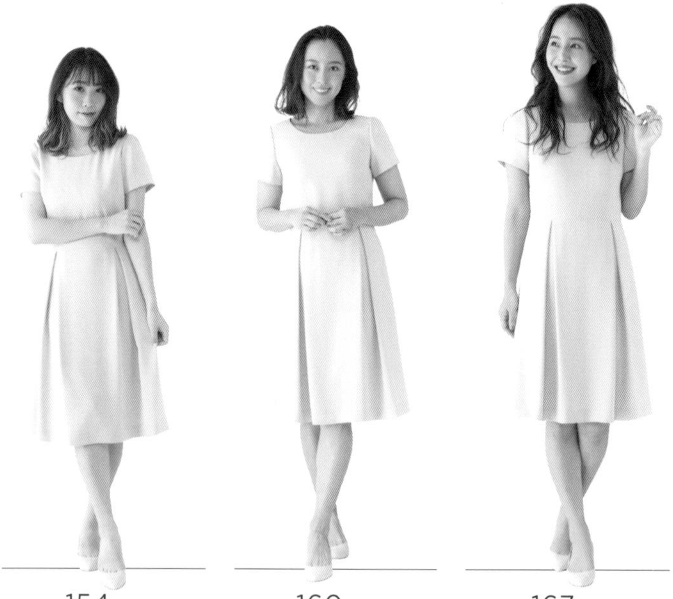

着丈
95
cm

身長

154cm　160cm　167cm

ワンピース／ザ・スーツカンパニー　靴／銀座かねまつ

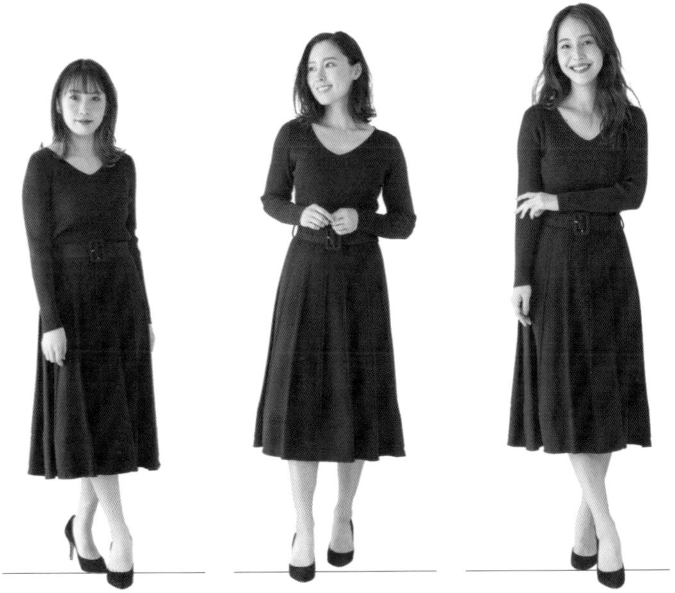

着丈
105
cm

身長

154cm　160cm　167cm

ワンピース／Noéla　靴／銀座かねまつ

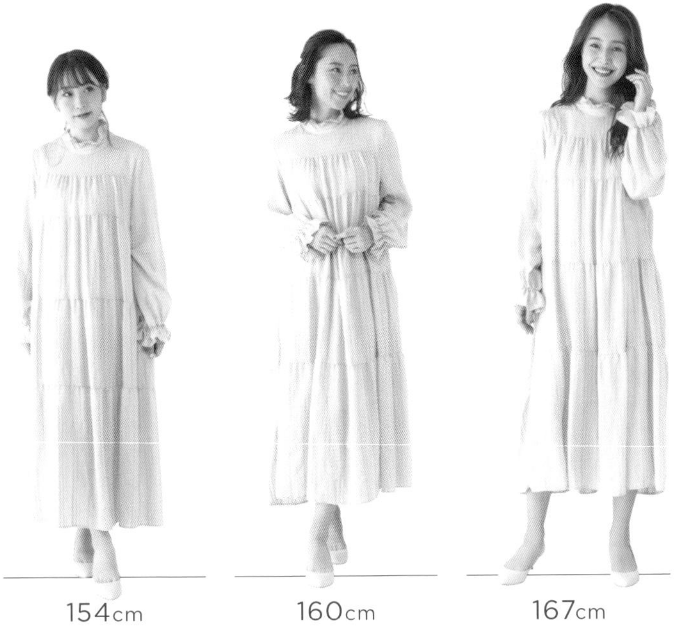

着丈
117
cm

身長

154cm　160cm　167cm

ワンピース／神戸レタス　靴／ダイアナ

HOW ABOUT
THE LENGTH?

SKIRT

スカート編

総丈62cmで見ると、身長154cmなら膝が隠れてエレガントな印象、身長167cmならヘルシーな印象と、雰囲気も異なって見えます。総丈76cmくらいなら、どの身長でもおしゃれに着こなせそうです。総丈88cmになると高身長の方におすすめ。

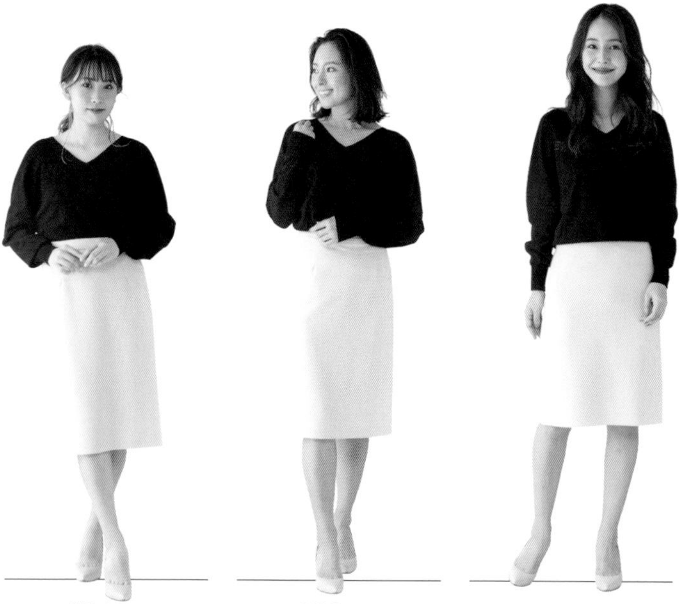

総丈
62
cm

身長

154cm　160cm　167cm

スカート／MEW'S REFINED CLOTHES　ニット／Noéla　靴／銀座かねまつ

総丈
76
cm

身長

154cm　160cm　167cm

ニットスカート／PLST　靴／銀座かねまつ

総丈
88
cm

身長

154cm　160cm　167cm

スカート／アース ミュージック&エコロジー ナチュラル レーベル　ニット／N.　靴／ダイアナ

HOW ABOUT
THE LENGTH?

PANTS
パンツ編

ドメスティックブランドアイテムの場合、身長が160cm程度なら裾上げしなくても大抵のパンツは着こなせそう。身長が154cmの場合、ヒールのあるパンプスを合わせても、股下72cmは長すぎて裾がもたついてしまいます。裾上げの際のヒントに！

股下54cm

身長

154cm　160cm　167cm

パンツ／YECCA VECCA　ニット／Noéla　靴／ダイアナ

身長

154cm　160cm　167cm

股下
68
cm

パンツ／ロートレアモン　ニット／PLST　靴／銀座かねまつ

身長

154cm　160cm　167cm

股下
72
cm

パンツ／ノーク バイ ザ ライン　ニット／N.　靴／銀座かねまつ

骨格タイプ別 おすすめ
ブランドリスト

どのファッションブランドも、骨格タイプに合わせて洋服をつくっているわけではありませんが、ブランドによって、ある特定の骨格タイプの洋服が見つかりやすいという傾向はあります。

自分に似合う服をどこで探せばいいかわからないという方は、ぜひ今回おすすめするブランドのオンラインショップをチェックしてみてください。自分の骨格タイプに似合う服ってこうなんだ！ という発見にも役立つはず。

ストレートタイプにおすすめなのは、トラッドでベーシックなアイテムが揃うブランド。今回ピックアップしたブランドは、辛口テイストも得意なので、フェミニンな印象の服でも盛りすぎていないデザインが見つかります。

ウェーブタイプには、華やかで着映えが叶う服や、ウエストがシェイプされたデザイン、コンパクトなサイズ感のものが見つかりやすいブランドをセレクト。スカートやワンピースが得意なブランドでもあります。

ナチュラルタイプらしいアイテムが揃うのは、大人のリラックス感が漂うブランドや、カジュアルなテイストが得意なブランド。トレンドを積極的に取り入れるブランド、個性的なデザインが豊富なブランドもおすすめです。ここしばらくオーバーサイズ、長め丈の流行が続いているので、ナチュラルタイプは似合う洋服を見つけるのがいちばん容易だと思います。

各骨格タイプに合う服が見つかりやすいブランドは？

ストレート STRAIGHT TYPE

ベーシックできれい系の服が得意と言われるブランド。ストレートが得意なパンツも豊富。

- ユニクロ
- BOSCH
- INDIVI
- Theory
- バナナ・リパブリック
- ICB

ウェーブ WAVE TYPE

女らしく、華やぎを与えてくれるブランド。着映えが叶うスカートやワンピースが多い。

- GU
- MISCH MASCH
- FRAY I.D
- アンデミュウ
- &.NOSTALGIA
- La Totalité

ナチュラル NATURAL TYPE

こなれ感があり、まとうだけでおしゃれな印象になる人気のブランド。ヘルシー美人が叶う。

- Plage
- Mila Owen
- チャオパニック
- FRAMeWORK
- Chaos
- GALLARDAGALANTE

※骨格診断に基づき著者がセレクト。骨格タイプに合わせた商品が売られているわけではありません。

CHAPTER 4

ニューノーマル時代、骨格診断視点のファッションセオリー

ここからは、骨格診断を
ファッションに活用する応用編です！
おしゃれの価値観が大きく変わった今こそ
必要なスタイルを叶える方法がわかります。

THEORY #01_ リラックスモードの仕事服

THEORY #02_ 歩きやすさ優先のスニーカー＆フラットシューズ

THEORY #03_ オンライン映えも骨格診断で叶う

THEORY #04_ 骨格タイプ別 アウトドアファッション

THEORY #05_ ずっと使える名品小物も骨格タイプで選べば失敗知らず

Talk

骨格診断の生みの親

二神弓子

ウェーブ×サマータイプ。10年以上かけて骨格診断のメソッドを確立させた、イメージコンサルタントのパイオニア。骨格診断は似合うものを狭めるのではなく魅力を引き立てるものである、がモットー。

スタイリスト

弓桁《ゆみげた》いずみ

ナチュラル×オータムタイプ。女性誌『美人百花』、タレントのスタイリングなどで活躍。二神氏のスクールで骨格診断アナリスト、パーソナルカラーアナリスト資格取得。本書のスタイリングを担当。

ファッションエディター

高橋香奈子

ストレート×ウインタータイプ。ファッション誌『Oggi』やウェブマガジン『mi-mollet』を中心に活動。15年以上前に二神氏より骨格診断とパーソナルカラーを学ぶ。本書の企画や構成を担当。

高橋　ここまでは骨格診断の基本的な知識や、骨格タイプをうまく利用し、少ない枚数で効率よく着回すアイデアを伝えてきました。ここからは、もう少し発展させた応用編についてお話ししていきましょう。以前とはおしゃれのルールが大きく変わった今、骨格タイプとどのように付き合っていけばいいか、掘り下げていきたいと思います。さて、ニューノーマルな時代になり、二神先生と弓桁さんは、ファッションに何か変化はありましたか？

二神　私は時間があったので、クローゼットの整理をしました。あとで「処分しすぎてしまったかも！」と思ったくらい（笑）。けれど、たくさんの洋服を処分しても、10年以上前から気に入っているような服はやはり今回も残す選択に。

高橋　それは骨格タイプに合っている服ですか？

二神　そうです。長年残っている服はすべて自分に合ったウェーブタイプのもの。シルエットも素材感も絶妙にウェーブ向きのテーラードジャケットなんかはもう20年も前に買ったものですが、トレンドの流れもあり、今は同じようなものが手に入らないので、大切に着ています。

弓桁　私は洋服を長く大切に使いたいタイプなので、処分することはなかったのですが、改めて考えてみると、自分が好きでよく着ているものは、ナチュラルタイプの服だと気づきました。見た目は好きなのに出番が少ない服は、やはり骨格タイプから外れていて。

高橋　改めて骨格診断の正しさを実感しましたよね。

弓桁　だけど、好きな服を着るのってやっぱりいいよね、とも思いました。私はウェーブっぽい甘いデザインが好きなのですが、それをいかにナチュラルっぽく落とし込めるかを考えるのが楽しい。たとえば、ふわふわとしたチュールスカートなら、長めの丈を選んで、合わせるトップスも長めに。すると私でもいける！という発見があるんです。

高橋　確かに、ニューノーマルな時代になり、リアルに会う機会も減ったことで、相手に失礼がないという「他者目線」だけでなく、**いかに自分が心地よくいられるかという基準も大事**にするようになりましたよね。

二神　骨格診断って、**絶対にこの服しか着てはいけない、という制限をつくるメソッドではありません**ので、着たい服を諦めなくてもいい！　私はこの前、骨格診断的には似合わないけれど好きな服を着て、YouTubeの動画に出てしまったくらい（笑）。大好きな色のニットを見つけたので購入したのですが、それがウェーブが苦手なハイネック。もちろん首元に肌感があるほうが似合っていたと思うのですが、タートルで首元が隠れる分、カーディガンは袖を通さずに肩にかければ腕の肌感が見えるので問題なし！　着こなし方で工夫をすればいいだけ。

高橋　それくらい自由なマインドで自分の骨格タイプを楽しめるといいですよね。

二神　自分の骨格タイプがわかったばかりのころは、そのルールを忠実に守ることに夢中になる方が多いと思います。骨格診断は便利なメソッドですが、**タイプは3種類のため、やはり個人差も若干出てしまいます。**一段落したら、ぜひ自分なりのアレンジを楽しんでください。

高橋　〝自分なり〟のアレンジは、やはり自分で見つけるしかないのでしょうか？

二神　そんな声にお応えして、ここからは**今の時代に合った新しい骨格診断の活用法を5つのセオリーで紹介**します。基本を押さえることは大事ですが、新しく生まれたトレンドや着こなしテクはテキストにも載っていませんし、10年前のセオリーが今もそのまま役立つわけではないのです。ぜひ参考にしてみてください。

リラックスモードの仕事服

新しい日常をきっかけにリモートワークやテレワークが進んだことにより、働き方改革も加速。仕事服のドレスコードも変わり、だいぶカジュアル化した方も多いのではないでしょうか。

これまでは、制服的にとにかくきちんとしていればサマになったものの、今ではかっちり感が出すぎると、周りから浮いて見えてしまうことも。かといって、休日服のようにカジュアルではだらしない印象に……。それゆえ、最適な塩梅がわからず、おしゃれ迷子になったという声も聞きます。

そこで、骨格診断のメソッドを取り入れつつ、**今どきのリラックス感も兼ね備えた、新しい〝リラックスモードの仕事服〟を骨格タイプ別に提案**します。着ていて快適なのに、適度なきちんと感は担保。休日にも着回せるからコスパも抜群です。

では骨格タイプ別に、今の時代にマッチする仕事服のポイントを解説します。

まず、最初にストレートタイプ。シンプルで、クラス感のある着こなしが似合うストレートタイプは、**かっちりとした服装がいちばん合います。**悩みどころは「どれくらいまで着崩していいのか」に尽きると思います。ポイントは3つ。

①ハリのある素材を選びつつ、リラックス感を加える
②きちんと見えるけれど快適な素材を取り入れる
③全身がダボダボシルエットにならないように気をつける

生真面目になりすぎず、シャープな印象のある仕事服が完成します。

次にウェーブタイプ。ツインニットやブラウスなど、きちんと感と優しげな印象を両立するアイテムや快適なストレッチ素材が得意なウェーブタイプは、**リラクシーな仕事服に移行するのに迷わないタイプ。**意識するポイントは３つ。

①ウエストゴムのボトムを多用する
②伸びる素材を活用する
③上下のどちらかにリラックス感のあるアイテムを取り入れる

これで、華やかなのに、着心地抜群な仕事服が叶います。

最後にナチュラルタイプ。もともとゆるっとしたラクチンスタイルが似合うので、**いかにカジュアルすぎないように見せるかがカギ。**いくら仕事服と休日服の境界が曖昧になってきているとはいえ、だらしなく見えない３つの工夫が必要です。

①小物はきれいめなものを合わせる
②似合う素材の中でも、きれいめなものを選ぶ
③ピタピタになりすぎない程度に、すっきりシルエットを意識する

この３つを意識すれば、スタイリッシュで軽やかな仕事服が楽しめます。

「STRAIGHT TYPE」

ストレート編

SELECT POINT

素材やシルエットの鉄則を守りながらも、堅苦しくないアイテムをセレクト

STYLE ① —

スーツの代わりにブラウスとパンツのセットアップを。きちんと見えるのに抜け感のある装いが完成。

ブラウス・パンツ／ホワイト　ベルト／リトルシック　ハンドバッグ／BajoLugo　イヤリング・時計／アビステ　靴／銀座かねまつ

STYLE

②

細身のパンツと合わせるなら、長めのシャツを裾出ししてもOK。あえてタックインしないことで一気に今っぽく。

シャツ／ラ・エフ　パンツ／Isn'tShe?　バッグ／&シュエット　靴／神戸レタス　メガネ／スタイリスト私物

STYLE

③

コーディネート不要で手間のかからないワンピースにも頼りたい。プチスカーフで上品な印象を高めて。

ワンピース／N.O.R.C　バッグ／サマンサベガ　靴／銀座かねまつ　スカーフ／スタイリスト私物

STYLE

④

ハリとスウェットのようなストレッチ性を兼ね備えた“ダンボールニット”素材のスカートで、ラクチンきれい！

ニット／N.　スカート／ストロベリーフィールズ　バッグ／ダイアナ　靴／タラントン by ダイアナ　ネックレス／スタイリスト私物

STYLE

⑤

今までならパンプスを合わせていた、きれいめなシャツとパンツ。これからはスニーカーくらいがちょうどいい。

シャツ／ストラ　パンツ／ルーニィ　バッグ／サマンサタバサ　時計／ダニエル ウェリントン　靴／プーマ

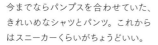

STYLE ⑥ —

体の肉感は拾わない厚さのある生地なのに、ぐんぐん伸びるストレッチ素材なら、タイトスカートでも快適に過ごせる。

ニット／ランバン コレクション　スカート／ルーニィ　バッグ／Jewelna Rose　イヤリング／アビステ　靴／ランバン コレクション

STYLE ① —

エレガントなボウタイブラウスも、軽快なウエストゴムのロングスカートで、更新感のある装いに。

ブラウス／ラ・エフ　スカート／ココ ディール　イヤリング／アネモネ　バッグ／サマンサベガ　靴／ダイアナ

WAVE TYPE

ウェーブ編

SELECT POINT

ゆるりとしたアイテムでも、どこかタイトなシルエットは意識して

STYLE

③

立体的な折り目で、きちんと見えるプリーツスカートがあれば、カラーニットを合わせてもラフになりすぎない。

ニット／ランバン コレクション　スカート／クラフト スタンダード ブティック　バッグ／サマンサタバサ　靴／スガタ　スカーフ／スタイリスト私物

STYLE

②

セットアップならニット素材が断然おしゃれ。体をきれいに見せながら、品のよさにも着心地にも満足感あり。

ニット・スカート／BEIGE,　バッグ／ダイアナ　靴／ランバン コレクション　ネックレス／スタイリスト私物

STYLE

④

ドレッシーなツヤブラウスは、スキニーとスニーカーでカジュアルダウン。甘くなりすぎないので辛口派にも◎。

ブラウス／ストロベリーフィールズ　パンツ／クラフト スタンダード ブティック　バッグ／Jewelna Rose　靴／プラス ダイアナ

STYLE

⑤

リラックス感満点のニットワンピースは、体に沿うシルエットを選ぶことで、だらしなさを回避。

ワンピース／ノーク バイ ザ ライン　カーディガン／ホワイト　バッグ／サマンサベガ　靴／ダイアナ

STYLE 6 —

とっておきのツインニットをもっておけば、どんなボトムを合わせても仕事モードに華麗にシフト。

ツインニット／&.NOSTALGIA
パンツ／ストラ　イヤリング／アビステ　バッグ／サマンサタバサ
靴／ダイアナ

STYLE ① —

お得意のフーディは、スカート＆きちんと小物でクラスアップ。色みをシックに抑えるのも大事。

フーディ／アース ミュージック＆エコロジー ナチュラル レーベル　スカート／N.　イヤリング･時計／アビステ　バッグ／サマンサタバサ　靴／MELMO

NATURAL TYPE

ナチュラル編

SELECT POINT

リラックス感のあるアイテムは得意！砕けた印象になりすぎないように注意して

STYLE

③

カジュアルなニットときれいめなシャツが一体化したトップスは、今どきの仕事服をつくるのに便利な一枚。

ニットドッキングシャツ／BANNER BARRETT　パンツ／PLST　バッグ／Jewelna Rose　靴／マッキントッシュ フィロソフィー

STYLE

②

A4も余裕で入るような大きめのバッグが得意。バッグのかっちり感で、リラクシーなニットも仕事モードに！

ニット／神戸レタス　パンツ／&.NOSTALGIA　バッグ／Jewelna Rose　靴／ランバン コレクション

STYLE

④

鉄板のシャツ×ワイドパンツ。仕事シーンなら、リネンシャツではなく、コットン素材にするだけでOK。

シャツ／&.NOSTALGIA　パンツ／Swingle　ストール／ディ スティル　バッグ／ADINA MUSE
靴／ダイアナ

STYLE

⑤

セットアップにチャレンジするなら、生地をふんだんに使った女っぽいブラウスとスカートで決まり！

ブラウス・スカート／ルーニィ　バッグ／ワシントン
靴／RANDA　ネックレス／スタイリスト私物

— STYLE ⑥

ロングシャツ×ワイドパンツでも着こなせるナチュラルタイプ。パンツを少し細身にするとクリーンな印象に。

シャツ／ココ ディール　Tシャツ・パンツ／ルーニィ　イヤリング／アビステ　時計／BABY-G　バッグ／ADINA MUSE　靴／RANDA

歩きやすさ優先のスニーカー&フラットシューズ

公共交通機関を避け、徒歩や自転車で通勤する方が増えたこと、人混みを避けて公園に出かけたり、散歩をしたりするライフスタイルに変わったことも、新しい日常になってからの大きな変化ではないでしょうか。

そんな今のマストアイテム、スニーカーやフラットシューズも、骨格診断で見つけることができます。なかには、スニーカーが似合うのはカジュアルが得意なナチュラルタイプだけ、フェミニンスタイルが得意なウェーブタイプはスニーカーが似合わない、きれいめのアイテムがマッチするストレートタイプが履けるラクチンな靴はなさそう、というイメージをもっている方もいるかもしれません。でも**実は、どの骨格タイプにも似合って、ラクチンなのにおしゃれに見えるスニーカーもフラットシューズもあります**ので、ご安心ください。次のページから、骨格タイプ別に似合うデザインを詳しく紹介します。

その前にお伝えしておきたいのは、**ヒールのない靴を履いても、骨格タイプに似合うファッションを身につけていれば、全身のバランスが整って見える**ということ。安心してスニーカーやフラットシューズを履いてください。

ストレートタイプがフラットシューズを履くなら、洋服はメリハリのあるボディラインを隠しすぎないIラインシルエットに仕上げるのがおすすめです。足首の肌見せで抜け感をつくると、全身がすっきり見えるので、**ボトムを選ぶときは、長すぎないスカートや九分丈パンツを選ぶ**とうまくいきます。

ウェーブタイプは、重心が下がりやすいので、ヒールのない靴を履くときは、ハイウエストのボトムを選んだり、トップスをタックインしたりして、**ウエスト位置を高めに見せておくとバランスよく決まります。**

ナチュラルタイプは、カジュアルなテイストが得意なのでスニーカー選びには困らないと思います。重心の偏りもないので、スタイルアップはそれほど意識しなくても大丈夫なのですが、気をつけたいのは、**メンズっぽくなりすぎないようにすること。**ナチュラルタイプに似合う靴は、厚底のスニーカーや、メンズライクなレースアップなど、ゴツさのある靴が多いんです。そこにピタピタの服を合わせてしまうと、骨や関節の大きさが目立ってしまい、ゴツゴツとした印象になってしまうことも……。ゆったりとした洋服を選ぶようにしましょう。

では、次からのページでは各骨格タイプに似合う靴と着こなし例を紹介します。

STRAIGHT TYPE
ストレート編

SELECT POINT

実はスポーティなアイテムも得意なので、人気のハイテクシューズもOK

C クールなポインテッドトウもカッコよく履きこなせます。ただし、ドライでザラザラしたスエード素材や、テカテカと光るパテント素材はあまり得意ではありません。
靴／ファビオ ルスコーニ

D ローテクスニーカーを選ぶなら、カジュアルなキャンバス素材よりも、スムースなレザーやエコレザーが正解です。靴のフォルムがなるべくすっきりしたものをセレクト。
靴／マッキントッシュ ロンドン

A 意外かもしれませんが、ハイテクスニーカーもいけます。ベーシックなデザインが得意なため、極端にソールが厚いもの、近未来的すぎるデザインはやめておきましょう。
靴／フィラ

B スクエアトウのフラットシューズも似合います。甲の金具は、シャープで角ばったものがおすすめです。素材は表革のほか、リッチ感のあるクロコの型押しもOKです。
靴／RANDA

縦長のIラインシルエットに足首をちらりと見せて、フラットでもすっきり見える着こなしに。トラッドなデザインの靴をあえてチョイス。

靴／ダイアナ　ニット／JILLSTUART　スカート／N.O.R.C　ピアス・ブレスレット／アビステ　バッグ／銀座かねまつ

WAVE TYPE
ウェーブ編

SELECT POINT

キラキラやふわふわを
取り入れた
シューズをチョイス

C プレーンなポインテッドトウを選ぶときは、ツヤのあるパテント素材で盛り上げて、寂しく見えないように。左ページのような、甲にビジュー付きのタイプも相性◎。
靴／マミアン

D キラキラとしたグリッター素材なら、スニーカーでもフェミニンな印象なので、履きやすいです。こちらも厚底タイプは避け、なるべくすっきりとしたフォルムを選んで。
靴／RANDA

A スニーカーなら、ハイテクよりも断然ローテク。ソールは厚くないものが似合います。スポーティすぎるのは得意ではないので、ファーのあしらいで華やかに見せて。
靴／マッキントッシュ ロンドン

B ラウンドトウのバレエシューズは万能アイテム。素材はプレーンな表革より、アクセントを効かせたレオパード柄やポニースキン素材を選びましょう。
靴／ファビオ ルスコーニ×WASH

トップスをタックインしてウエストマーク。バランスをアップすれば、ヒールがなくても好バランス。

靴／RANDA　ニット／ココ ディール　スカート／YECCA VECCA　バッグ／Isn'tShe?　ピアス／アビステ

NATURAL TYPE

ナチュラル編

SELECT POINT

あえてメンズっぽい
クールなテイストを
ちょっぴり取り入れてみる

C スニーカーは得意なので、ソールが薄すぎるものを除けばどんなデザインでも履けます。キャンバス素材やスエード素材、メッシュ使いのデザインもおすすめです。
靴／プーマ

D ソックススニーカーや超厚底など個性的なデザインならこなれ感たっぷり。ソールが薄めなローテクスニーカーを選ぶ場合は、ハイカットにするとバランスがよいです。
靴／Isn'tShe?

A いわゆる“おじ靴”と呼ばれる、レースアップシューズやローファーなど、メンズライクなタイプがよく似合います。厚底のデザインでもスタイリッシュに履きこなせます。
靴／銀座かねまつ

B 大人っぽい印象の靴を選びたいなら、ポインテッドトウのフラットシューズを。スエード素材や、ビット金具付きがクールさをプラス。避けたほうがいいのはパテント素材。
靴／RANDA

身幅が広くゆったりとしたニットで、ボディラインをカモフラージュ。ハンサムになりすぎないスニーカーコーデが叶う。

靴／プラス　ダイアナ　ニット／アース ミュージック&エコロジー ナチュラル レーベル　パンツ／The Virgnia　イヤリング／アネモネ　バッグ／ダイアナ

THEORY #03

オンライン映えも 骨格診断で叶う

リモートワークという新しい働き方が登場したことで、仕事の関係者と会うのはオンラインだけ、という日も出てきました。それゆえ、相手に見える上半身のファッションだけきちんとしていればいい、という話も聞かれるようになりましたよね。骨格診断は、**オンラインで素敵に映える上半身をつくるときにも、もちろん役立ちます。**

先にも触れましたが、骨格診断は、似合うデザイン・素材・着丈などが明確にわかるからといって、自分の骨格タイプに合うものしか身につけてはダメということではありません。骨格タイプ的には得意ではないけれど着たいものがあれば、選び方を工夫したり、全身でバランスの調整をしたりすればいいのです。

ですが、画面に上半身しか映らない状況なら、全身のコーディネートでバランスを取ることができないので、できるだけ骨格タイプに忠実なアイテムを身につけておくことをおすすめします。電波状態がよく、画面がクリアに映り、素材までしっかり見える、ということもありますので、できればデザインや柄、シルエットに重点を置いて選ぶといいでしょう。

ストレートタイプの場合は、上半身を着映えさせたいからといって、フリルやビジューといった顔回りに要素がありすぎる服を選んでしまうと、こってりとして見えてしまいます。引き算したシンプルなファッションが似合うので、**デコルテの開いたVネックのニットを一枚着る**だけでもカッコよく決まります。

ウェーブタイプは、ストレートとは逆に、顔回りを盛り上げるデザインを選ぶのがポイント。**顔の近くにレースやパール**などがあるといいでしょう。オーバーサイズを選ぶとだらしなく見えるので気をつけてください。

ナチュラルタイプは、得意と言われる服はカジュアルテイストが多いですが、**シャツやブラウスなら仕事のシーンにふさわしいきちんと感が保てます。**ビッグシルエットのシャツでもいいですし、ブラウスなら生地をたっぷりと使ったコットンやリネン素材のものがいいでしょう。

次からのページでは、骨格タイプ別に似合う洋服とアクセサリーを紹介します。カジュアルめからきれいめまで複数のアイテムをセレクトしました。きちんと感がどれくらい必要かという基準で、選ぶ際のヒントにしてください。

STRAIGHT TYPE
ストレート編

SELECT POINT

顔回りをすっきり見せる、
シンプルなデザインをセレクト

SHIRTS 首元にV字の開きをつくり、すっきり見せてくれるシャツは、ストレートタイプの鉄板服。得意のストライプ柄はきちんと感を高めます。シャツ／ラ・エフ

盛りすぎないベーシックなアイテム

∨ **SCARF & KNIT**

華やかに見せたいときはスカーフを。ニット／アンデミュウ　スカーフ／ディ スティル

< **NECKLACE**

ネックレスのモチーフは直線的なものが◎。ネックレス／アビステ

∧ **KNIT**

Vネックのニットくらいシンプルであればあるほど、ストレートタイプの魅力を高めてくれます。ピタピタしすぎはNGです。ニット／ストラ

∧ **EARRING**

ベーシックで華奢すぎないほうが映えます。イヤリング／スリーフォータイム

< **BLOUSE**

デコルテにデザインがあるものを選ぶなら、気持ち控えめなもので。ブラウス／PLST

WAVE TYPE
ウェーブ編

SELECT POINT

デコルテの大胆なあしらいが
華やかさをプラス！

TOPS まさにウェーブタイプ向きのデザイン。柔らかな素材を選びましょう。フェミニンが苦手な人もだまされたと思って一度試してみて。カットソー／ランバン コレクション

デコラティブでエレガントなアイテム

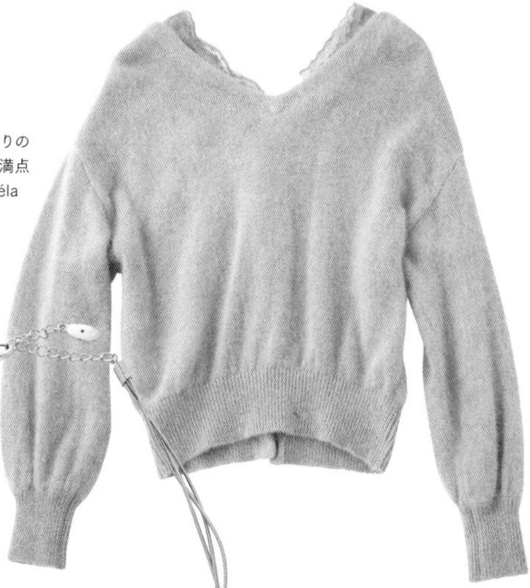

> KNIT

モヘア素材&首回りのレースで華やぎ感満点です。ニット/Noéla

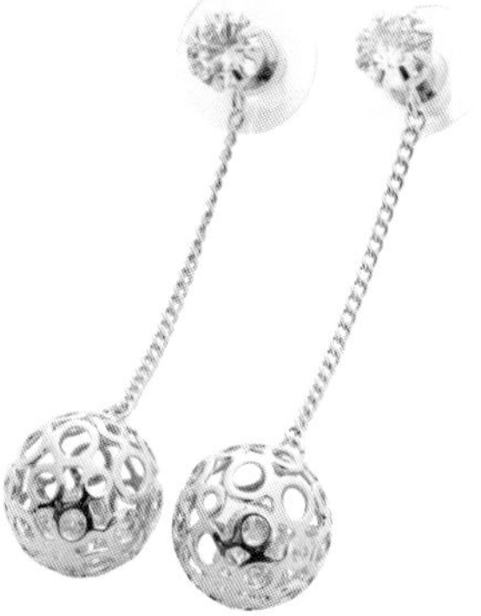

∧ EARRING

揺れるもの、キラキラするもの、小ぶりなものをチョイスして。ピアス/アビステ

∨ NECKLACE

連になった短めのネックレスは、シンプルトップスのお助けアイテム。ネックレス/アビステ

∧ CARDIGAN

首元のパールが顔回りをパッと華やかに。カーディガン/ストロベリーフィールズ

< BLOUSE

フロントが立体的なデザインも◎。ブラウス/tocco closet

NATURAL TYPE
ナチュラル編

SELECT POINT

きちんと感を演出する、
技あり素材&生地をチョイス

BLOUSE きれいめな印象に仕上げたいときにぴったりの一枚。一気にドレッシーな装いに早変わりです。ブラウス／アース ミュージック&エコロジー

ほかにこんなアイテムもおすすめ！

> EARRING

ヴィンテージ感のある表情や個性的なデザインがおすすめです。ピアス／アビステ

> BLOUSE

袖幅も身頃もゆったりとしたシルエットは大得意。ブラウス／Ray Cassin

∧ SHIRTS

画面越しでも表情が伝わるコーデュロイ素材。胸ポケット付きも良いアクセントに。シャツ／The Virgnia

> NECKLACE

長め、大きめモチーフ、ストーン使いが理想的。ネックレス／アビステ

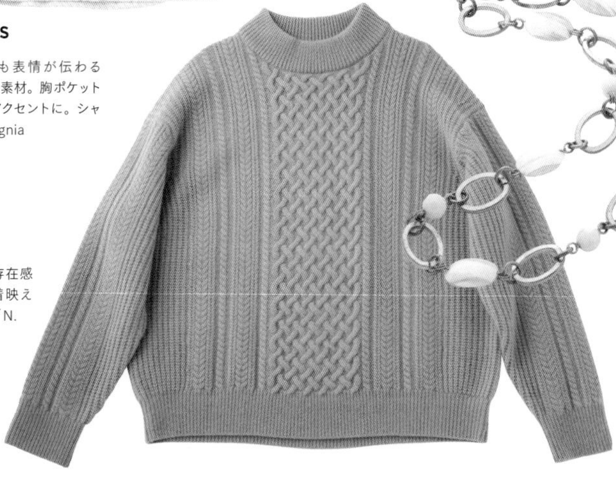

> KNIT

シンプルニットは存在感のある編み地で着映えを狙って。ニット／N.

パーソナルカラー活用術

だから、イエベ、ブルベではなく、4タイプ（スプリング、サマー、オータム、ウインター）で選びましょう。

SPRING
スプリングタイプ

黄みを含んだ、鮮やかで明るい色が似合います。パープルはくすみのないスミレのような色を選ぶのがコツ。[左から] カーディガン／ルーニィ　カーディガン／神戸レタス　ニット／スリーフォータイム　ニット／メイソングレイ

SUMMER
サマータイプ

淡くて、ほんのりスモーキーな青みのあるパステルカラーを選びましょう。赤ならイチゴのような目を引く色みが正解。[左から] カーディガン／ROYAL PARTY　カーディガン／ジネス　ニット／The Virgnia　カーディガン／MISCH MASCH

オンライン映えが叶う♡

骨格診断と同様に、パーソナルカラーでも着映えが叶います。上半身だけで勝負をするオンライン

AUTUMN
オータムタイプ

暗くて深みがあり、黄みを含んだ色が似合います。同じ黄みを含む色でも、スプリングより濁りがある色みです。[左から] ニット／N.　ニット／TOCCA LAVENDER　ニット／And Couture　ニット／ROYAL PARTY

WINTER
ウインタータイプ

ビビッドで濁りがなく、青みを含んだ色を選びましょう。淡い色の場合は、パステルよりさらに薄い、クリアなアイシーカラーを。[左から] ブラウス／4298 SHIZUKA KOMURO　カーディガン／神戸レタス　ブラウス／ホワイト　ニット／MIIA

骨格タイプ別 アウトドア ファッション

ニューノーマルな時代になり、キャンプに行く方が格段に増えたと話題になっていましたよね。プライベートの過ごし方にも大きな変化をもたらしました。

さて、ビーチやプールに行くとき、キャンプやピクニック、バーベキューをするとき、ヨガなどで体を動かすときの服は、どうやって選んでいますか？　見た目が好み、機能が優秀、という視点で選ぶのもいいですが、やはりここでも骨格診断を活用すると、迷いませんし、自分の魅力を引き立ててくれるものが簡単に見つかります。

クラス感があり、正統派なファッションが似合うストレートタイプが着るアウトドアファッション。パッと思い浮かばないかもしれませんが、〝ベーシックでシンプルなものを選ぶ〟というルールは同じ。**コテコテしすぎず、個性的すぎないアイテムを選びましょう。**意外かもしれませんが、誤解を恐れずにわかりやすく言うと、**〝裸がきれい〟なのはストレートタイプ**なんです。ミス・ユニバース、ミス・インターナショナルのトレーニングを担当していたこともあるのですが、水着審査になるとやはりストレートタイプが強い！　ですので、抵抗がない方は、**ビキニやブラトップなど、ボディラインが出るものを選びましょう。**

ラフなスタイルが苦手という声が多いウェーブタイプに似合うアウトドアファッションも、もちろんあります。ビーチやヨガのコーディネートは意外と簡単です！　**水着を着るときは、フリルやリボンなど華やかなデザイン**を選んだり、**ふんわりとした素材のガウンを羽織ればOK。ヨガはトップスはゆるっと、ボトムはレギンスでタイト**にまとめるのがおすすめです。いちばん悩むのは、キャンプや登山などのアウトドアスタイルだと思います。なぜなら、山系アウトドアシーンのボトムは、ほとんどが太めシルエットでワイルドな印象だから。バランスよく着こなすには、**得意のミニ丈ボトムにレギンスをレイヤードするコーディネート**がよいでしょう。アウターは短め丈のものでバランスアップさせて。

反対にナチュラルタイプは、山系アウトドアシーンの着こなしが得意。本気のアウトドアスタイルで全身をまとめてもサマになりますし、とにかく選ぶものには困りません。メンズサイズを選んでも大丈夫です。

一方、肌の露出は苦手なタイプなので、水着やヨガウエアを選ぶときは、注意が必要です。いくらやせていても、肌を出すと骨や筋張った感じが悪目立ちしてしまい、ゴツゴツとした印象になってしまうことも。なるべく肌を覆ったり、ゆったりとしたシルエットを選んだりするようにしましょう。

STRAIGHT TYPE
ストレート編

Beach
シャツタイプのラッシュガードで上品に
クリアバッグもきれいめデザインならOK

SCENE

ビーチ

ビキニが似合う ストレートタイプ

ビキニはベーシックであれば大抵のデザインはOK。
胴が短いのでワンピースタイプも着こなせる。

シャツ／Reir　サングラス・バッグ／San-ai Resort　水着／Riberce　ビーチサンダル／IPANEMA

腰回りはピタピタしないものをセレクト

Yoga

SCENE

ヨガ

思いきってボディラインを見せるとすっきり！

スポーツブランドが出しているような、“運動神経がよさそうな感じ”に見えるアイテムを選ぶとうまくいく。

ブラトップ／Julier Yoga and Relax　パンツ／ALBOVE　ヨガマット／suria　靴／プーマ

SCENE

アウトドア

スポーティ＆すっきりシルエットが大事

ボトムはスウェットパンツも似合う。シルエットがダボッとしすぎると、だらしなく見えるので気をつけて。

ブルゾン・カットソー・パンツ・キャップ／ザ・ノース・フェイス　リュック／アウトドアプロダクツ　靴／プーマ

キャップをワンポイントに投入

Outdoor

WAVE TYPE
ウェーブ編

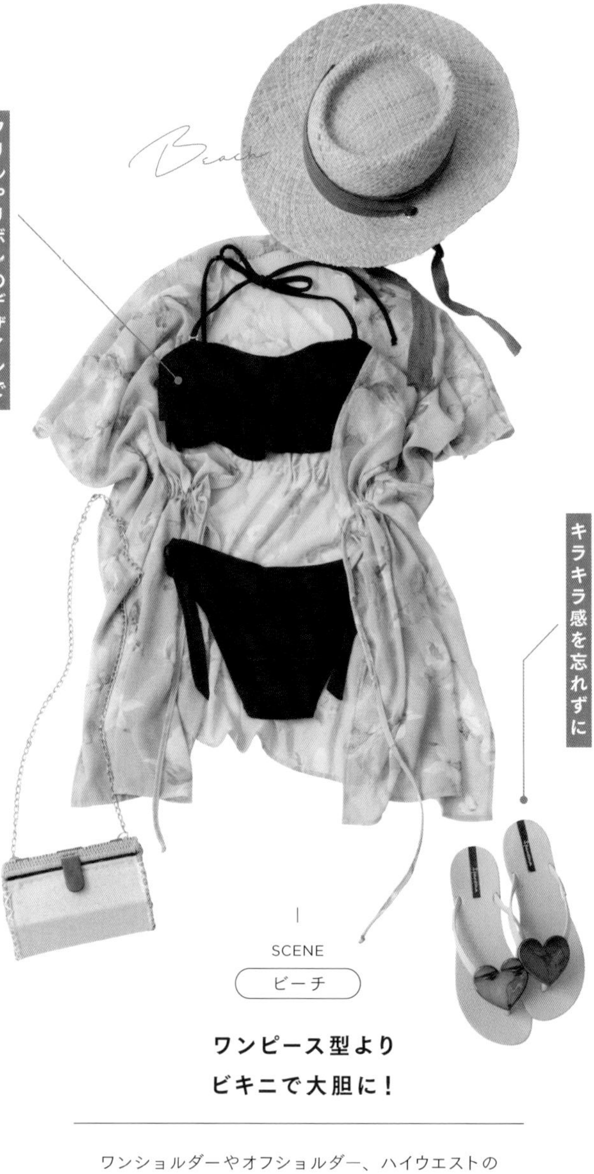

フリルやリボンのデザインで
甘さをプラス

足元にも
キラキラ感を忘れずに

SCENE

ビーチ

ワンピース型より
ビキニで大胆に！

ワンショルダーやオフショルダー、ハイウエストのボトムなど、トレンド感が高い水着が似合う。

ガウン／Riberce　水着／Defilious　ビーチサンダル／IPANEMA
帽子・バッグ／San-ai Resort

トレンドの柄レギンスで派手に！

SCENE

ヨガ

上半身はゆるっと、下半身はピタピタ！

タイトなボトムに対して、トップスが長めのほうがバランスよくまとまる。背中が見えるデザインも得意。

カットソー・レギンス・バッグ［3点セット］／Julier Yoga and Relax　靴／プーマ

SCENE

アウトドア

コンパクトなサイズ選びが大事！

かわいらしい雰囲気を狙うなら、アウターはキルティングコートもグッド。ボトムはパンツにするならスキニーを。

ブルゾン・スウェット・スカート／CHUMS　バッグ／KELTY　靴／プラス ダイアナ　レギンス／スタイリスト私物

人気のボアブルゾンを取り入れて

NATURAL TYPE
ナチュラル編

デコルテは隠すとベター

SCENE

ビーチ

なるべく肌の
露出は控えめに

水着にパレオやチュニックをレイヤードするコーディネートがベスト。個性的なデザインにもトライを！

水着・パレオ・帽子・ビーチサンダル／San-ai Resort　バッグ／ROXY

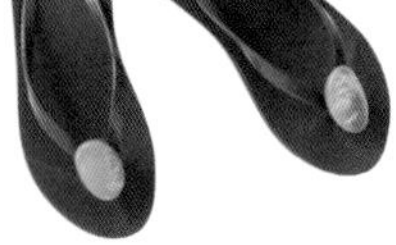

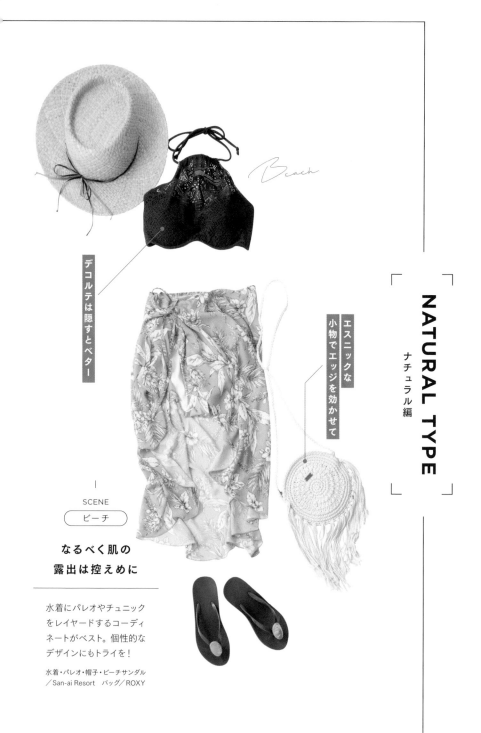

サルエルパンツがイチ推し

SCENE

ヨガ

全体的にゆとりのあるシルエットを意識して

肌見せはしないほうがあか抜けて見える。サルエルパンツはなるべく長めを選ぶとバランスがいい。

カットソー・パンツ／Julier Yoga and Relax　ヨガマット／Style Boat Market　靴／スタイリスト私物

SCENE

アウトドア

本格的なアウトドアスタイルもいける！

上下ともにリラクシーなシルエットでも着膨れせずに、こなれて見える。オーバーオールやモコモコのダウンも得意。

ブルゾン／ジーナシス　ロングTシャツ・パンツ・帽子／CHUMS　バッグ・靴／ゴールドウイン

ゴツめの靴も似合う！

THEORY #05

ずっと使える 名品小物も 骨格タイプで選べば失敗知らず

しばらく家で自粛をしていたあのとき。多くの方々が自身のクローゼットを見つめ直し、不要な大量の服や小物を処分。もうムダなものは買いたくない。買い物の失敗をしたくない。そう誓った方もいらっしゃるのではないでしょうか。同じ買うなら、愛着があって、ずっと大切にしていけるものにお金をかけたい。私もそんな心境の変化を感じました。

そこで、憧れのハイブランドの名品を、骨格タイプ別に仕分けしました。年齢を重ねても変わることのない骨格タイプで選べば、ずっとお気に入りとしてヘビロテできるから、失敗とは無縁。買うときは高かったとしても結果、コスパがよくなります。

毎シーズン、プチプライスのトレンドアイテムを買っては処分するというこれまでの悪循環とは違う、**社会にも優しいサステナブルな新しい買い物**の仕方です。

ストレートタイプにぴったりの名品は、**カチッとしたシャープな形**、**トレンドに流されないベーシックなデザイン**です。似合うものが見つかりやすいブランドは、エルメス、グッチ、ルイ・ヴィトン。名品バッグをレザーで選ぶなら、素材は光沢感が控えめなクロコダイルやアリーゲーター、程よい硬さがあり細かな型押しがされたエプソンレザーがおすすめです。

ウェーブタイプに似合う名品は、**小ぶりなサイズ感、素材にひと技効いたもの、繊細な印象のアイテム**。似合うものが見つかりやすいブランドは、シャネルやティファニー。名品バッグをレザーで選ぶなら、素材はきめが細かく柔らかなカーフレザー、エナメルレザー、光沢のあるクロコダイルがおすすめです。

ナチュラルタイプにぜひ身につけてほしい名品は、**大ぶりなデザインや個性を感じるフォルム、リラックスした印象**のもの。似合うものが見つかりやすいブランドは、マックスマーラやボッテガ・ヴェネタです。名品バッグをレザーで選ぶなら、素材はオーストリッチ、程よい硬さがあり細かな型押しがされたエプソンレザー、表面にシボ感があるトゴレザーがおすすめです。

ハイブランドのアイテムは、各ブランドの定番として人気のあるものから選びました。永久保存版としてぜひご活用ください。ブランド名とアイテム名で検索していただくと、すぐに見つけていただけると思います。

BODY TYPE

Straight

写真：Alamy/アフロ

ストレートタイプにぴったりな名品小物

❶

Hermèsの

バッグ ケリー

カチッとした形がストレートタイプにぴったり。内縫いでリラックス感のあるフォルムのものより、外縫いで自立する形のほうがしっくりきます。

❷

Burberryの

トレンチコート

シャープで辛口なデザインのトレンチコートは得意なアイテム。裏地の正統派なバーバリーチェックもお似合い。膝丈のものがベストです。

❸

Valextraの

イジィデバッグ

直線的なフォルム、自立するしっかりとした形、表革の素材。似合う条件を満たした、きちんと感と女らしさを兼備する優秀なバッグです。

❹

MAX MARAの

マニュエラ
アイコンコート

ベーシックな形のラップコート。上質なピュアキャメルの表情がストレートタイプを艶やかに見せます。ウエストマークすればすっきり感アップ。

❺

Tiffanyの

ティファニーT
ワイヤーブレスレット

頭文字であるTがデザインされたブレス。イエローベースはイエローゴールド、ブルーベースはホワイトゴールドなら肌がより美しく見えます。

❻

Hermèsの

レザーブレスレット
アピ3

ピエール・アルディがデザインした定番のレザーブレスレット。表革使いやシンプルなバックルのデザインがストレートタイプらしい表情をつくります。

BODY TYPE

Wave

写真：REX/アフロ

ウェーブタイプにぴったりな名品小物

❶

DIORの

レディ ディオールバッグ

“カナージュ”ステッチが特徴的なバッグ。角ばった形ですが、小さめのサイズやツヤのある素材感を選べば大丈夫。丸みのあるハンドルも◎。

❷

CHANELの

ツイードジャケット

ウェーブタイプにマストなツイード素材。金糸使いやミックスツイード、華やかなボタンなど、似合うものが見つかりやすいです。短め丈を選んで。

❸

GUCCIの

ジャッキー1961 スモール ホーボーバッグ

マチが薄く、丸みのあるシルエットがウェーブに似合う所以。小さめのモノグラム柄もおすすめするポイントです。斜めがけして使うのもOK。

❹

CHANELの

フラップバッグ（ラムスキン）

特徴のあるふっくらとしたキルティングは、ウェーブタイプが得意とする素材。煌びやかなチェーンショルダーも華やかな着こなしの盛り上げ役に。

❺

Tiffanyの

エルサ・ペレッティ ダイヤモンド バイ ザ ヤード

極細チェーンと控えめなダイヤモンドが美しい人気のシリーズ。ネックレス、ピアス、リング、ブレスレットは繊細で可憐な印象が叶います。

❻

TASAKIの

バランス シグネチャー リング

まるで指の上にパールが並んでいるように見えるデザインのリング。一見モードに見えますが、着用すると地金の部分が隠れるので上品な表情に。

BODY TYPE

Natural

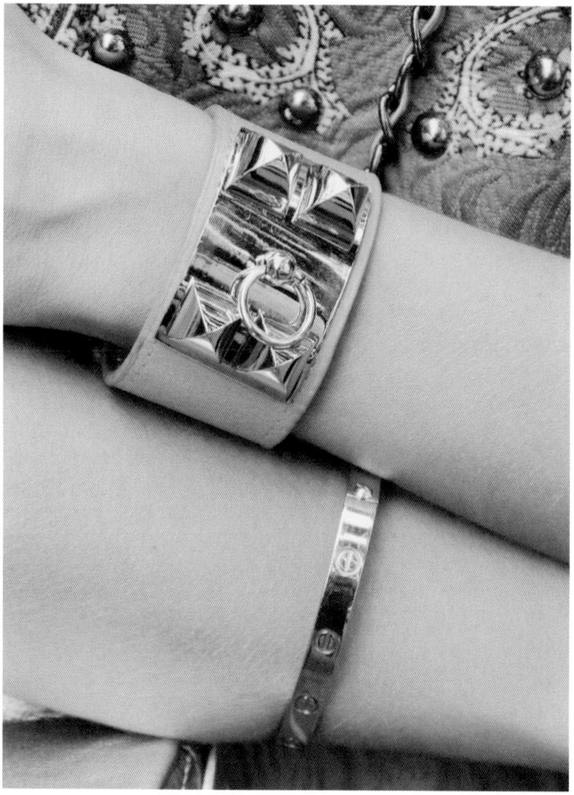

写真：Runway Manhattan/アフロ

ナチュラルタイプにぴったりな名品小物

1

Hermèsの

レザーブレスレット コリエ・ド・シアン

極太のレザーにスタッズが並んだ、ハードで個性的なデザイン。存在感があるので、手の骨っぽさや筋っぽさをカモフラージュしてくれる効果も。

2

MAX MARAの

テディベア アイコンコート

入荷してはすぐ売り切れる、人気のボリューミーなボアコート。ナチュラルタイプの体のフレーム感があれば、着膨れせずにカッコよく着こなせます。

3

BOTTEGA VENETAの

ザ・ポーチ

クタッとした形のクラッチバッグです。エレガントなバッグを探している方にぴったり。ミニサイズよりも、大きめのサイズをチョイスして。

4

LOEWEの

バスケットバッグ

ナチュラルタイプならかごバッグ！ というくらい相性は最高。持ち手とフロントのパッチがレザーなので、ラフになりすぎないのも高ポイント。

5

BALENCIAGAの

ネイビー カバスバッグ

フロントにブランドロゴがあしらわれたキャンバスバッグ。素材感もロゴ入りなのも、マチの広さも……ナチュラルタイプに似合う条件をクリア！

6

Tiffanyの

エルサ・ペレッティ ボーン カフ

ボーン＝骨、カフ＝袖という意味の、手首にタイトフィットするバングル。スモール幅でもいいし、より存在感のあるミディアム幅もつけこなせます。

パーソナルカラーで狙う！
マスクで美人映え

毎日の必需品となったマスク。顔の半分を覆うアイテムだから、
顔映りに大きく影響します。各パーソナルカラーに似合い
肌を美しく見せる色を発表します！

顔色がくすんで見える

目の下のクマが目立つ

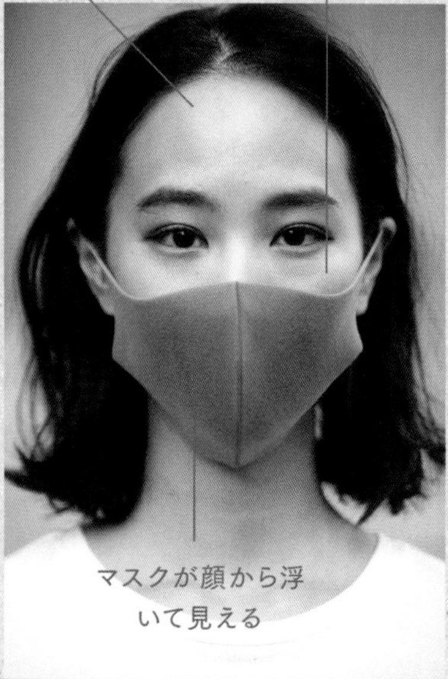

NG

ブルーベースの方が
イエローベースのマスクをつけると……

OK

ブルーベース（モデルはウインタータイプ）が得意な黒のマスクをつけると、肌とマスクの色がしっくりと馴染んでいるのがわかります。顔の印象がシャープに引き締まり、目元もぱっちり！　肌の色も健康的に。一方、苦手な色であるくすんだカーキのマスクをつけると、肌の色が黄色くくすんで見え、目の下のクマが目立つように……。

トーンアップも叶うマスクの色はコレ！

AUTUMN
オータムタイプ

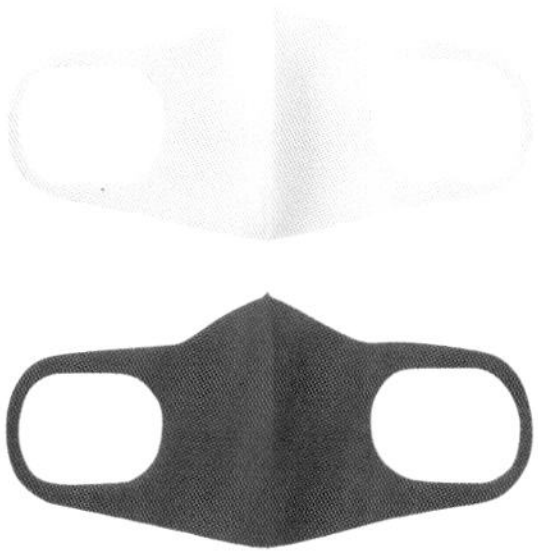

OYSTER WHITE　OLIVE DRAB

SPRING
スプリングタイプ

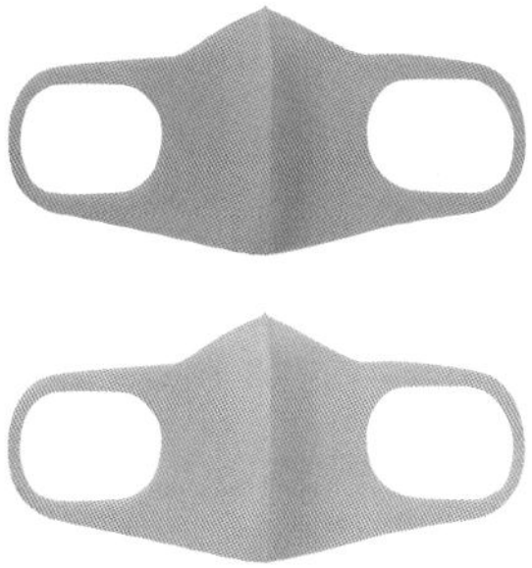

AURORA　BISCUIT

WINTER
ウインタータイプ

BLACK　SNOW WHITE

SUMMER
サマータイプ

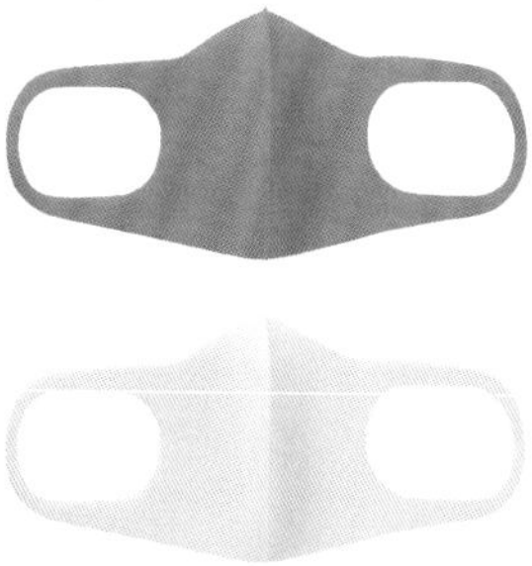

ASH GRAY　BABY PINK

※写真のマスクはカラーイメージです。身につける際は近い色をお店などでご購入ください。

no.01
COAT
コート

テーラードコート

コート／31 Sons de mode

POINT
セットインスリーブ

POINT
ウエストマークできるベルト付き

きちんと感のあるデザインが◎。Aラインは苦手なので、着たときに広がりすぎないかチェックを。

VARIATION

ウエストベルト付きダウン

ノーカラーコート

トレンチコート

チェスターコート

[右から]ベストな選択はセットインスリーブ×膝丈。コート／PLST　正統派なコートと言えばこれ！ 素材はテロテロしすぎていないものを。コート／ザ・スーツカンパニー　すっきりとシンプルなデザインで体がほっそり見える。コート／ザ・スーツカンパニー　ダウンコートを選ぶときは、ボリュームが出すぎないもの、短すぎないものが正解。ウエストベルト付きなら着膨れしにくい。コート／ROYAL PARTY

no.02

JACKET
ジャケット

シングルジャケット

ジャケット／ザ・スーツカンパニー

POINT ひとつボタン

POINT 長すぎない着丈

いちばんしっくりくる王道のデザイン。素材はウールやカシミアもOK。V開きは深めで。

VARIATION

落ち感素材のシングルジャケット

ライダースブルゾン

ダブルブレストのジャケット

[右から] ダブルブレストのジャケットは大きめのつくりのものが多いので、ジャストサイズを選ぶとうまくいく。着丈も長すぎないものを。ジャケット／JILLSTUART　辛口なレザーのライダースはスエードやヴィンテージ加工の素材ではなく、ベーシックな表革タイプをセレクト。ブルゾン／&.NOSTALGIA　サラサラとした滑らかなタッチの生地は春夏にぴったり。肉感が強調されるほど薄手のもの、強い光沢のあるものは避けて。ジャケット／ロートレアモン

no.03

TOPS
トップス

ロゴ入りニット

ニット／ジネス

POINT
ロゴの遊びがあってもOK

POINT
ジャストサイズをセレクト

ストレートタイプにマッチするニットは、Vネックだけにあらず！ オーソドックスなロゴを選んで。

VARIATION

ニットフーディ

ピンタックブラウス

シャツ

ふんわり
スリーブブラウス

[右から] デザインの効いたブラウスを選ぶなら、デコルテ&肩回りのすっきり感は死守。袖口だけに遊びがあるものもグッド。ブラウス／&.NOSTALGIA　シンプルでシャープな印象が叶うシャツは失敗知らず。コットンやウール素材はOK。畝《うね》の太いコーデュロイやシースルー素材は苦手です。シャツ／N.O.R.C　デコルテのデザインは、これくらいフラットなあしらいなら着られる。ブラウス／BEIGE,　スウェットのフーディより大人っぽい。フーディ／And Couture

no.04

ONE PIECE
ワンピース

シャツワンピース

ワンピース／ROYAL PARTY

POINT

ハリのある素材が大事

POINT

すっきりしたIラインがカギ

素材にハリがあれば、ドロップショルダーでもいいけれど、ギャザーやタックがないものに。

VARIATION

スクエアネック
ワンピース

ウエストベルト付き
シャツワンピース

ウエストマーク
ワンピース

[右から] オケージョンや仕事など、改まったシーンに理想的なデザイン。フロントのタックも控えめなのが◎。ワンピース／ザ・スーツカンパニー　素材に落ち感があるため、着るとほぼ Iラインに見えるのでつくりはAラインでも着こなせる。ワンピース／31 Sons de mode　柔らかなニット素材を選ぶなら、直線的なネックライン、コントラストのある配色づかいなどでシャープな雰囲気のあるものを取り入れて。ワンピース／ROYAL PARTY

no.05

SKIRT
スカート

ラップ風スカート

スカート／The Virgnia

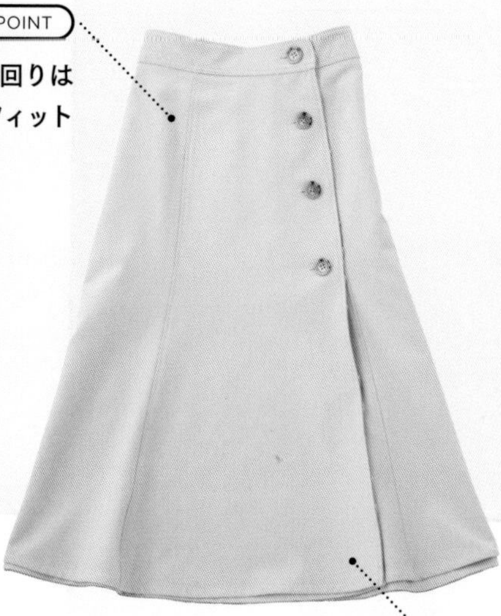

POINT 腰回りはタイトフィット

POINT 長すぎない丈

ウエストにタックがなく、フラットなデザインをセレクト。透け感がない素材のほうが相性よし！

VARIATION

レザースカート

レース
タイトスカート

Aラインスカート

ストレートスカート

[右から] ストレートタイプの魅力的な膝と膝下を生かせる、膝のすぐ上までの丈。スカート／YECCA VECCA　体に厚みがあるストレートタイプ。Aラインのフレアスカートは、ウエスト回りにタックやギャザーがないタイプがすっきり見える。スカート／YECCA VECCA　ドレスに使われていそうな、薄手すぎず高級感のあるレースを。スカート／神戸レタス　レザー&エコレザーはハリがあるから◎。スカート／TOCCA LAVENDER

no.06

PANTS
パンツ

センタープレスパンツ

パンツ／N.

POINT
センタープレス入り

POINT
ノータック

腰位置が高いストレートタイプ。ハイウエストは胴が短く見えすぎるのでジャストウエストが好バランス！

VARIATION

ワイドパンツ

インディゴデニム

スティックパンツ

[右から] 脚につかず離れずのシルエットを選ぶのがよいでしょう。丈は短すぎない九分丈がしっくりくる。パンツ／YECCA VECCA　正統派な服がハマるので、デニムならインディゴ&ストレートシルエット。ダメージ加工や色落ち、柔らかすぎる素材、スキニーは避けるのが賢明。パンツ／BANNER BARRETT　わたり幅が広すぎないセミワイドがベスト。ワイドの場合は、センタープレス入りなど直線的なラインが強調されるもので。パンツ／MEW'S REFINED CLOTHES

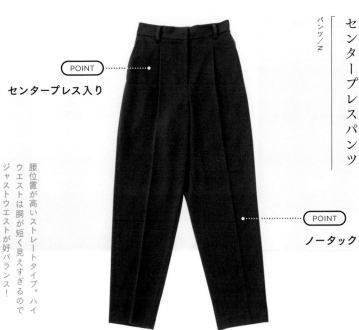

no.01

COAT
コート

ツイードコート

コート／ストロベリーフィールズ

POINT

華やかなツイード素材

POINT

短めの着丈

シンプルで表情のあるツイードに頼れば、一瞬で旬顔に。マニッシュなブリティッシュツイードはNG。

VARIATION

マフラー付きコート

Aラインコート

ショートダウン

フード付きコート

[右から]華奢な上半身を盛り上げられるフード付き。ファーもついていたら最強！　コート／MISCH MASCH　ボリュームのあるロングダウンは、服に着られているように見えてしまうのでショート丈を選びたい。コート／TOCCA LAVENDER　Aラインやウエストからふんわりと広がるシルエットが得意。コート／tocco closet　顔回りを華やかに見せられるので便利。裾のフェミニンな刺しゅうディテールも◎。コート／WILLSELECTION

no.02

JACKET
ジャケット

スエードジャケット
ジャケット／ROYAL PARTY

POINT
ノーカラー

POINT
起毛感のある
エコスエード素材

ジャケット選びの最重要ポイントは、コンパクトかどうか。
ゴワゴワしたスエードでなくしなやかなものを。

VARIATION

ショールカラー
ジャケット

Vカラージャケット

ムートンブルゾン

[右から] シャープなライダースのデザインでもふんわり感のあるムートン素材をチョイス。全体がムートン調でもOK。ブルゾン／tocco closet　V開きが深めのひとつボタンジャケットを選ぶなら、着丈は短く。フロントの裾が丸くカットされているもので優しげな印象に。ジャケット／BEIGE,　曲線的な襟のデザインがウェーブタイプにマッチ。柔らかな素材や、ウエストがシェイプされたデザインも取り入れて。ジャケット／ザ・スーツカンパニー

no.03

TOPS
トップス

レースニット

ニット／WILLSELECTION

POINT スタンドカラー

POINT 透け感のあるレース

透ける、伸びる、柔らか、の三拍子揃えば
ウェーブタイプに敵なし！　繊細なレースにもトライを。

VARIATION

リブカットソー

ビジュー付きニット

ドットブラウス

ラクーンニット

[右から] 毛足が長いふわふわとした素材で身幅は広すぎないものにすれば、スタイルアップを手助け。ニット／ティテインザストア柄は細かいものが似合うので、ドットも小さいものを。小花柄も◎。ブラウス／tocco closet　無地のシンプルなニットは、首回りにキラリと光るアクセントがあるものを選ぶと、寂しく見えない。ニット／ストロベリーフィールズ　Tシャツを着たいなら、細かいリブ&タイトなカットソーがベター。カットソー／BEIGE,

no.04

ONE PIECE
ワンピース

POINT
ウエストはフィット

POINT
とろみのある素材

マキシワンピース
ワンピース／&.NOSTALGIA

長め丈が苦手なウェーブタイプ。ウエストの切り替え位置が高いデザインでバランスよく。

VARIATION

ツイードワンピース

レースワンピース

ウエストタイトワンピース

[右から] ニットワンピースは、ストンとしたボックスシルエットではなく、ウエストがシェイプされていることがカギ。ケーブル編みなら着映えも叶う！ ワンピース／tocco closet　レース素材、首元のフリルとリボン、フロントの前ボタン、ウエストマークのデザイン。すべてウェーブタイプを体現した一枚。ワンピース／WILLSELECTION　華やかでフェミニンなミックスツイード素材。短めの袖で華奢さを強調して。ワンピース／tocco closet

no.05

SKIRT
スカート

プリーツスカート

スカート／ルーニィ

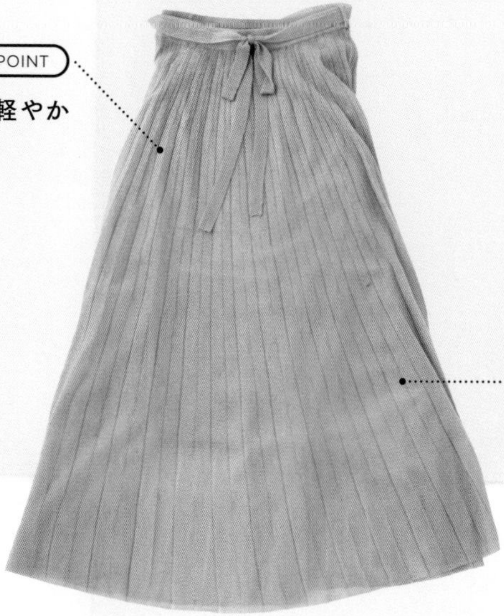

POINT
透け感が軽やか

POINT
ラメ素材も◎

柔らかでほんのり透け感のある素材。体が薄いので、立体的なプリーツでも着膨れしない。

VARIATION

レーススカート

ツイードスカート

チュールスカート

アシンメトリーヘムスカート

[右から]長さが不揃いな裾はウェーブタイプが得意なデザイン。風をはらんで揺れるような素材や光沢感のある素材も有効。スカート／リリアン カラット　人気のチュールスカートも着こなせる。ここ最近は、ウェーブタイプに似合うデザインが豊作！　スカート／Isn'tShe?　ラメ糸をミックスした煌びやかなツイードも◎。短め丈や台形シルエットもグッド。スカート／ランバン コレクション　フェミニンな印象の透け感が美しい繊細なレースも相性バツグン。スカート／Noéla

no.06

PANTS
パンツ

ハイウエストパンツ

パンツ／Noéla

POINT
ベルト付き

POINT
長すぎない丈感

くびれたウエストをアピールし、バランスよく仕上げるハイウエストな一枚はパンツが苦手な人にも！

VARIATION

スキニーデニム

プリーツパンツ

ストレッチパンツ

［右から］ぐんぐん伸びるストレッチ素材は大正解。クロップド丈もバランスよく仕上がる。パンツ／ラ・エフ　はくとスカートのように見えるデザインのパンツは、気になる腰回りをきれいにカモフラージュ。ガウチョパンツもカッコよくキマる。パンツ／ジネス　ラフ、ゴツさが苦手なので、デニムはハイストレッチ素材を選ぶのが鉄則。色は淡めでノーダメージ、シルエットは脚のラインに沿うタイトなものに。パンツ／TOCCA LAVENDER

no.01

COAT

コート

ダブルブレストコート

コート／&.NOSTALGIA

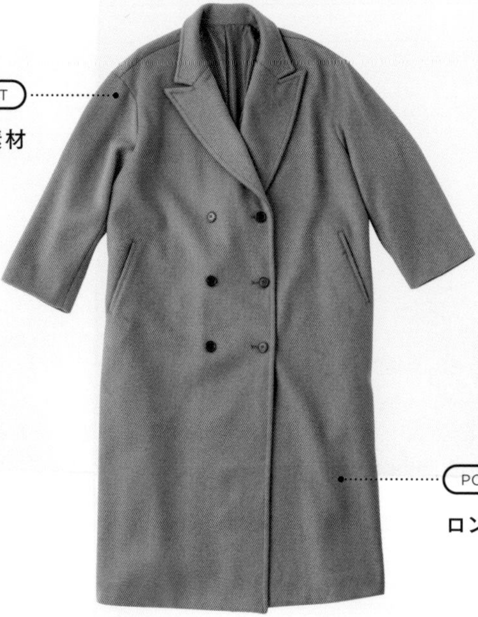

POINT

厚手の素材

POINT

ロング丈

洋服のよさを引き立てるしっかりとした骨格があるから、ビッグシルエットやロング丈もハマる！

VARIATION

チェスターコート

ウール
トレンチコート

ボアコート

ロング
ダッフルコート

[右から] カジュアルなコートの代表、ダッフルコート。ショート丈ではアンバランスに見えるので長いものを選んで。コート／YECCA VECCA　ボリュームのあるボアコートもスタイリッシュに着られる。コート／クラフト スタンダード ブティック　ハンサムなトレンチコートも相性◎。丈はかなり長いものでもOK。コート／N.O.R.C　メンズっぽいテイストの服で魅力が際立つ。コート／YECCA VECCA

no.02

JACKET
ジャケット

ヘリンボーンジャケット

ジャケット／N.

POINT
ダブルブレスト

POINT
ヘリンボーンツイード素材

ウエストシェイプのないボックスシルエット。ジャケットを肩にかけるスタイルもサマになる。

VARIATION

CPOジャケット

ニットジャケット

マウンテンブルゾン

[右から] かなりラフなブルゾンも野暮ったくならない。ブルゾン／MEW'S REFINED CLOTHES　ソフトな着心地が好みの方は、ミラノリブ素材のジャケットを。ウールなどの天然素材も似合う。丈はヒップが隠れる長めを選んで。ジャケット／BEIGE, 胸ポケット付きでオーバーサイズが特徴のCPOジャケットは、ナチュラルタイプにぴったりのデザイン。襟を抜いてゆるりと着たり、インナーとレイヤードしたりするとこなれ感アップ。ジャケット／セシール

no.03

TOPS
トップス

ポンチョ風ニット

ニット／YECCA VECCA

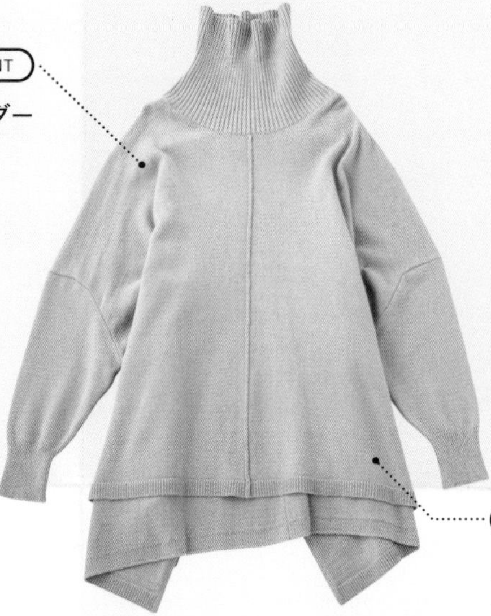

POINT
ドロップショルダー

POINT
たっぷりとしたシルエット

体をすっぽりと覆うデザインが似合うナチュラルタイプ。個性的なデザインもサラッと着こなせる。

VARIATION

フーディ

スウェット

ギャザースリーブブラウス

プリントTシャツ

[右から] レディースのLサイズとメンズのSサイズなら、メンズのほうがハマるナチュラルタイプ。肉感を感じさせない骨格だからオーバーサイズがスタイリッシュな印象に。バックプリントもOK。Tシャツ／ココ ディール　フェミニンなアイテムを選ぶならこちら。たっぷりとしたフォルムもポイント。ブラウス／ココ ディール　スウェットが部屋着に見えない！　スウェット／BANNER BARRETT　ベーシックすぎるデザインより、ひと技効いたものを。フーディ／ヒデノブ ヤスイ

no.04

ONE PIECE

ワンピース

ニットワンピース

ワンピース／YECCA VECCA

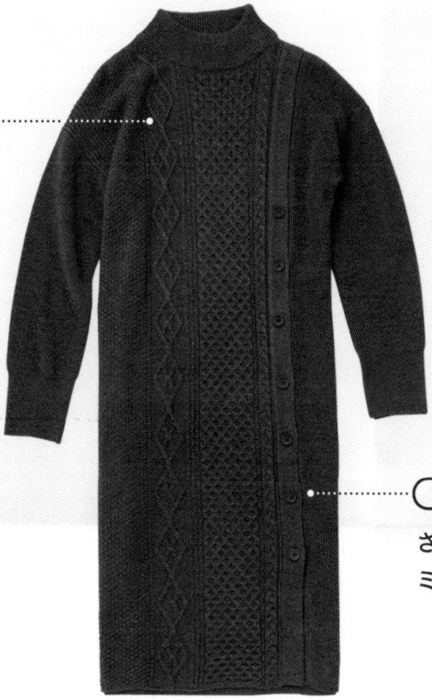

POINT
ケーブル編み

POINT
ざっくり感のあるミドルゲージ

体のラインが出ないシルエットをチョイス。丈は短くても膝下を。ハイネックも似合うポイント。

VARIATION

ギャザーワンピース

ジャンパースカート

ボタニカル柄ワンピース

［右から］フェミニン派にイチ推しな一枚。可憐な小花柄ではなく、葉や茎が描かれたものなら甘くなりすぎない。ペイズリー柄や幾何学柄も候補に入れて。ウエストは絞りすぎないことが大事。ワンピース／&.NOSTALGIA　ナチュラルタイプは重ね着が得意なので、レイヤード前提のワンピースも活用できる。ワンピース／神戸レタス　かしこまったシーンにも対応できるきれいめタイプ。たっぷりと贅沢に生地を使った分量感のあるデザインやギャザーディテールがカギ。ワンピース／N.

no.05

SKIRT
スカート

ギャザースカート

スカート／アース ミュージック&エコロジー

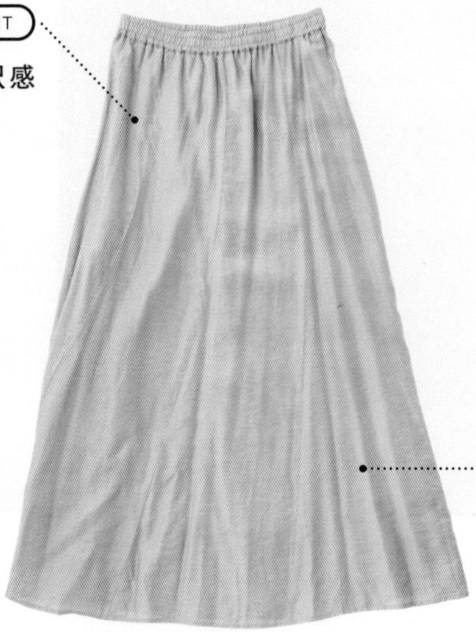

POINT
控えめな光沢感

POINT
ロング丈

ドライな質感の素材が得意なタイプ。ツヤのあるものを選ぶなら、ギラギラしていないものに。

VARIATION

ウールスカート

レーススカート

レザープリーツ
スカート

コーデュロイ
スカート

[右から] コーデュロイのような厚手でマットな素材が得意。畝が太くても着こなせる。スカート／アメリカンホリック　レザーなら表面感がスムースなものよりプリーツを。エコレザーでもいいが、できるだけマットなものを厳選して。スカート／ドロワット・ロートレアモン　似合うレースは繊細すぎないタイプで、模様も大きめを選んで。スカート／MEW'S REFINED CLOTHES　生地をふんだんに使ったサーキュラーもグッド。スカート／And Couture

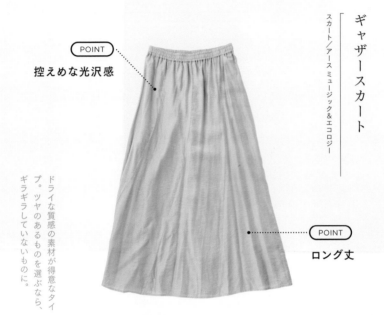

no.06

PANTS
パンツ

ベイカーパンツ

パンツ／ジネス

チノパンやカーゴパンツのような硬めの素材感。腰ではくローウエストでもバランスが取れる。

VARIATION

ワイドパンツ

イージーパンツ

フレアパンツ

[右から]服の重心が下にあればあるほどスタイルアップして見える。ボリュームが下にあるフレアパンツはそれが叶う好例。パンツ／ジーナシス　ウエストゴムで脚のシルエットが出ないリラクシーなパンツがおしゃれに決まるのはナチュラルタイプ。パンツ／ルーニィ　わたり幅のかなり広いワイドパンツもはけるタイプ。ウエストにタックが入っていてもOK。テロンとした素材をはきたいときは、手で触って適度な厚みを感じるものを選んで。パンツ／Noéla

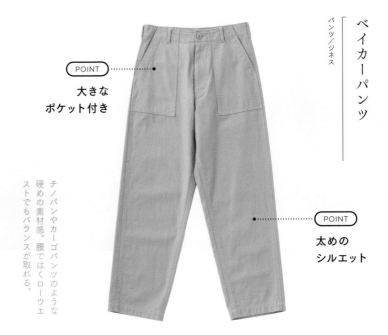

Copyright© Yumiko Futakami. All Rights Reserved.

☑ パーソナルカラー診断セルフチェック

YES、NOで答えるだけで、自分のカラータイプがわかります。判断が難しい場合や迷った時は、周りの人と比べてみて！

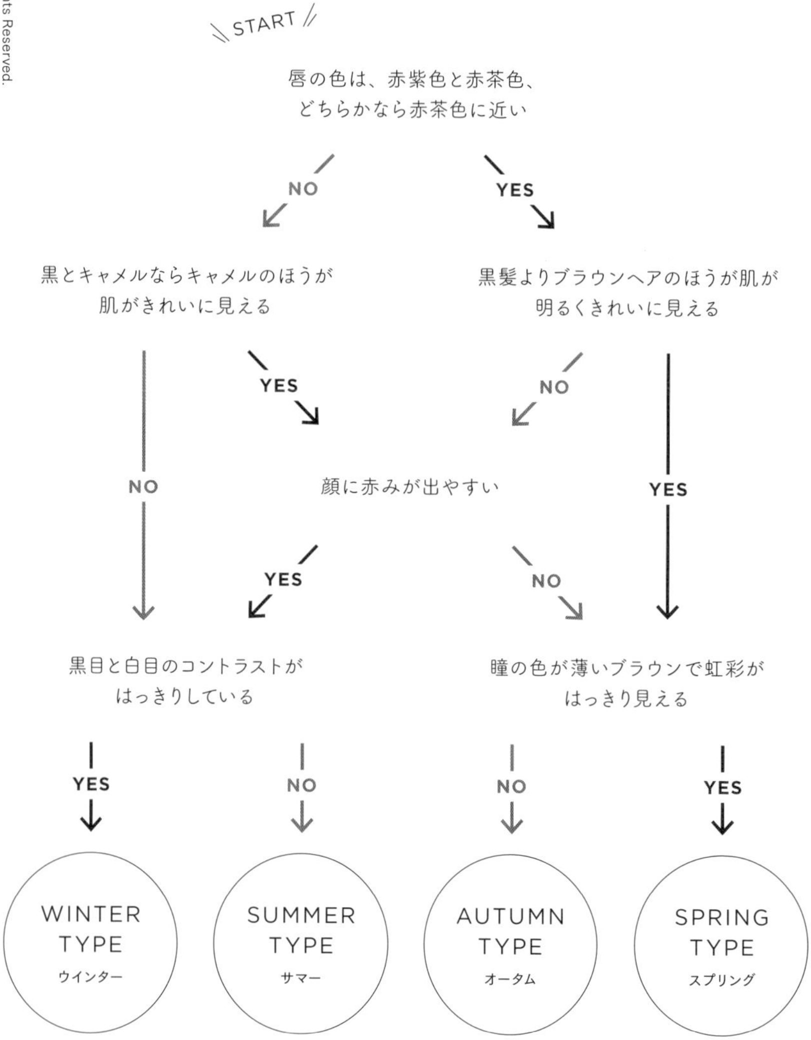
START
唇の色は、赤紫色と赤茶色、どちらかなら赤茶色に近い
NO
YES
黒とキャメルならキャメルのほうが肌がきれいに見える
黒髪よりブラウンヘアのほうが肌が明るくきれいに見える
NO
YES
NO
YES
顔に赤みが出やすい
YES
NO
黒目と白目のコントラストがはっきりしている
瞳の色が薄いブラウンで虹彩がはっきり見える
YES
NO
NO
YES
WINTER TYPE ウインター
SUMMER TYPE サマー
AUTUMN TYPE オータム
SPRING TYPE スプリング

-SPRING

スプリング カラーチャート

P151の「スプリング カラーチャート」は、スプリングタイプに似合う色です。P152、P154、P156、P158の「パーソナルカラーチェックシート」は、パーソナルカラーのセルフ診断に使います。使い方の詳細は、P57をご覧ください。

SPRING

パーソナルカラーチェックシート

-SUMMER

サマー カラーチャート

Ｐ１５３の「サマー カラーチャート」は、サマータイプに似合う色です。Ｐ１５２、Ｐ１５４、Ｐ１５６、Ｐ１５８の「パーソナルカラーチェックシート」は、パーソナルカラーのセルフ診断に使います。使い方の詳細は、Ｐ57をご覧ください。

SUMMER

パーソナルカラーチェックシート

-AUTUMN

オータム カラーチャート

P155の「オータム カラーチャート」は、オータムタイプに似合う色です。P152、P154、P156、P158の「パーソナルカラーチェックシート」は、パーソナルカラーのセルフ診断に使います。使い方の詳細は、P57をご覧ください。

AUTUMN

パーソナルカラーチェックシート

-WINTER

ウインター カラーチャート

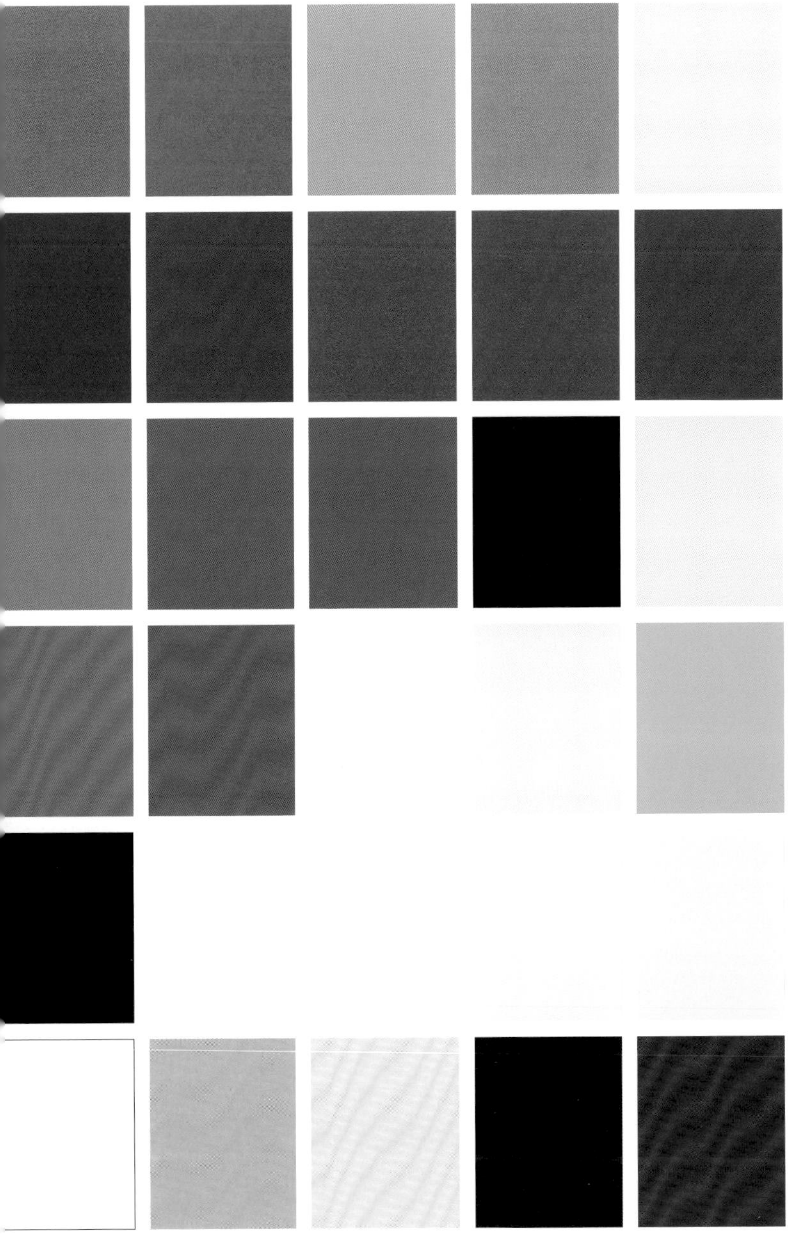

P157の「ウインター カラーチャート」は、ウインタータイプに似合う色です。P152、P154、P156、P158の「パーソナルカラーチェックシート」は、パーソナルカラーのセルフ診断に使います。使い方の詳細は、P57をご覧ください。

WINTER

パーソナルカラーチェックシート

アース ミュージック&エコロジー 新宿ミロード
(アース ミュージック&エコロジー) 03-3349-5676

アース ミュージック&エコロジー トーキョー 東京ソラマチ
(アース ミュージック&エコロジー ナチュラルレーベル)
03-5637-8343

アウトドアプロダクツカスタマーセンター
06-6948-0152

アダストリアカスタマーサービス(アンデミュウ、ジーナシス)
0120-601-162

ADINA MUSE SHIBUYA 03-5458-8855

アビステ 03-3401-7124

アメリカンホリック プレスルーム 0120-806-008

アリガインターナショナル(KELTY) 03-6659-4126

And Couture ルミネ新宿店 ルミネ2 03-5323-5221

& シュエットギャラリー 池袋サンシャインシティアルパ店
03-5391-5855

&.NOSTALGIA 03-6433-5918

イェッカ ヴェッカ キラリナ京王吉祥寺店(YECCA VECCA)
0422-72-7006

Isn'tShe? http://www.isnt-she.com/

インターテック(suria) 050-3821-2940

WILLSELECTION ルミネ有楽町店 03-3215-5522

WASH ルミネ横浜店(ファビオ ルスコーニ、
ファビオ ルスコーニ×WASH) 045-451-0821

N.ルミネエスト新宿店 03-5379-7748

オンワード樫山 お客様相談室
(BEIGE,、TOCCA LAVENDER) 0120-58-6300

カシオ計算機 お客様相談室(BABY-G) 0570-088955

銀座かねまつ銀座6丁目本店 03-3573-0077

銀座ワシントン銀座本店(ワシントン) 03-3572-5911

クラフト スタンダード ブティック プレスルーム 0120-806-008

神戸レタス http://www.lettuce.co.jp/ 078-271-7780

ゴールドウイン カスタマーサービスセンター
(ザ・ノース・フェイス) 0120-307-560

ココ ディール 03-4578-3420

3rd Spring 03-6635-1897

ザ ヴァージニア ルミネ有楽町店(The Virgnia) 03-6269-9960

ザ・スーツカンパニー 銀座本店(ディ スティル、
ザ・スーツカンパニー、リトルシック) 03-3562-7637

サマンサタバサプチチョイス 西武池袋本店
03-3986-7775

サマンサタバサ ルミネ新宿店 03-5321-7433

サマンサベガ 渋谷109店 03-3477-5005

San-ai Resort(Reir) http://www.san-ai.com

サンポークリエイト(アネモネ) 082-248-6226

ジオン商事(スリーフォータイム、ティテインザストア)
03-5792-8000

ジネス ペリエ千葉店 043-301-5030

Jewelna Rose 新宿ミロード店 03-3349-5695

シュガー・マトリックス(ストロベリーフィールズ) 03-3791-8111

松竹梅(LOBOR、MAVEN WATCHES) 06-6227-8573

JILLSTUART ルミネ新宿店 03-3346-7287

Swingle 有楽町マルイ店 03-3213-0701

Style Boat Market 03-6438-1877

ストラ 03-4578-3431

ダイアナ 銀座本店(ダイアナ、タラントン by ダイアナ)
03-3573-4001

ダイアナ 原宿店(プラス ダイアナ) 03-3478-4001

ダニエラアンドジェマ 03-6721-0250

ダニエル ウェリントン カスタマーサービス
cs.japan@danielwellington.com

チャムス 表参道店(CHUMS) 03-6418-4834

ディノス・セシール(セシール) 0120-70-8888

tocco closet 03-6805-1254

ドロワット・ロートレアモン 03-6434-0291

noéla 03-6450-3044

N.O.R.C(ノーク バイ ザ ライン) 03-3669-5205

BANNER BARRETT 03-5456-8573

ビギ(Julier Yoga and Relax) 03-5720-8256

Hidenobu Yasui(ヒデノブ ヤスイ) 077-527-5580

ヒロタ(31 Sons de mode) 0120-311-903

FatheR(BajoLugo) 078-380-5281

フィラ カスタマーセンター 0120-00-8959

FEEL AND TASTE 03-3410-1631

プーマ お客様サービス 0120-125-150

PLST 03-6865-0500

FLEX http://flex-jp.shop/

ボードライダーズジャパン(ROXY) 0120-329-190

ホワイト ザ・スーツカンパニー 新宿店 03-3354-2258

マミアン カスタマーサポート 078-691-9066

MIIA 03-6826-8651

MISCH MASCH 0120-298-707

MEW'S REFINED CLOTHES 0120-298-707

ミューラーン(ALBOVE、Riberce、Defillious、IPANEMA)
03-3862-7200

ムーンスターカスタマーセンター(スガタ) 0800-800-1792

メイソングレイ 03-6434-0291

モーダ・クレア(ランバン コレクション、マッキントッシュ ロンドン、
MELMO、マッキントッシュ フィロソフィー) 03-3875-7050

4298 SHIZUKA KOMURO 03-3463-3889

ラ・エフ 03-6434-0291

ラシア 06-7525-8031

RANDA 06-6451-1248

ランバン コレクション 03-6834-7223

Lycka 0120-298-707

リリアン カラット 03-4578-3338

ルーニィ 03-4578-3466

Ray Cassin 0120-786-120

ROYAL PARTY 03-6826-8222

ロートレアモン 03-6434-0291

※掲載の情報は9月(撮影時)のもの。商品は売り切れや入れ替え、店舗移転等の可能性があります。

二神弓子（ふたかみ・ゆみこ）

株式会社アイシービー代表取締役社長。パーソナルカラー実務検定協会代表理事。骨格診断アナリスト協会代表理事。20年以上かけて骨格診断メソッドを確立したパイオニアであり、その技術を応用した唯一無二のイメージコンサルタントとして多くのビジネスパーソンの印象改革を手がける。企業研修・コンサルティング事業にも力を入れ、これまでのべ14,000人への指導実績をもつ。著書に、シリーズ20万部の『骨格診断×パーソナルカラー 本当に似合う服に出会える魔法のルール』、『骨格診断×パーソナルカラー 似合う服だけでつくる 春夏秋冬ワードローブ』（ともに西東社）などがある。

インスタグラム　【yumikofutakami】
https://www.instagram.com/yumikofutakami/?hl=ja

YouTube　【be WOMAN channel】
https://www.youtube.com/c/beWOMANchannel

骨格診断《こっかくしんだん》×パーソナルカラーでわかった
洋服選《ようふくえら》びの新《しん》スタンダード
クローゼットは6着《ちゃく》でいい

2021年3月18日　初版発行

著者　二神《ふたかみ》弓《ゆみ》子《こ》
発行者　青柳 昌行
発行　株式会社KADOKAWA
〒102-8177　東京都千代田区富士見2-13-3
電話0570-002-301（ナビダイヤル）
印刷所　大日本印刷株式会社

本書の無断複製（コピー、スキャン、デジタル化等）並びに
無断複製物の譲渡及び配信は、著作権法上での例外を除き禁じられています。
また、本書を代行業者などの第三者に依頼して複製する行為は、
たとえ個人や家庭内での利用であっても一切認められておりません。

●お問い合わせ
https://www.kadokawa.co.jp/（「お問い合わせ」へお進みください）
※内容によっては、お答えできない場合があります。
※サポートは日本国内のみとさせていただきます。
※Japanese text only

定価はカバーに表示してあります。

©Yumiko Futakami 2021 Printed in Japan

ISBN 978-4-04-605059-5
C0077